## Nur ein paar Stündchen

4H

*Nix wie raus, ganz schnell ins Grüne. Auch mit wenig Zeit lässt sich Großartiges erleben. Kleine und große Abenteuer warten direkt vor der Haustür.*

## Raus für einen Tag

12H

*Man muss nicht das Land verlassen, um neue Welten zu entdecken. Einfach mal einen Tag lang raus aus dem Alltagsallerlei und rein in die Natur.*

## Ferien für ein Wochenende

36H

*Warum auf die große Auszeit warten, wenn man einen Wochenendtrip in der Nähe machen kann? Vergnügen, Abenteuer und Wohlgefühl kompakt und intensiv.*

# Abenteuer ESKAPADEN

AUSZEIT

AUSGLEICH

Wochenende

LÄCHELN

STADT.LAND.FLUSS.

FREE

LEICHTIG-KEIT

ERLEBEN

GRÜN

kleine Fluchten

Wege

Lebensfreude

NATUR

GLÜCK

von Nina Soentgerath

# LIEBE LESERIN, LIEBER LESER,

die frische Luft genießen, draußen sein: Das ist einfach schön, egal zu welcher Jahreszeit. Eine Auszeit nach Feierabend tut oft genauso gut wie ein freier Tag oder ein ganzes Wochenende – wenn man nur die richtige Idee hat.

Beim Radeln oder Wandern auf unbekannten Pfaden kann man Kraft tanken. Eine SUP-Tour eröffnet neue Perspektiven auf eine Stadt. Den Kopf frei machen ein paar Schwünge auf der Skipiste, und das Kuscheln mit Alpakas wärmt das Herz. Entspannen lässt sich's an den zahlreichen Seen im Umland, und als Schmankerl obendrauf gibt's kulinarische Tipps, denn frische Luft macht ganz schön hungrig.

Viele traumhafte Eskapaden
wünscht Ihnen, dir und euch

PS: Informationen zum GPX-Download gibt's auf Seite 224.

AUSZEIT.
ABENTEUER.
LEBENSFREUDE.

# 1. KAPITEL – ABSTECHER

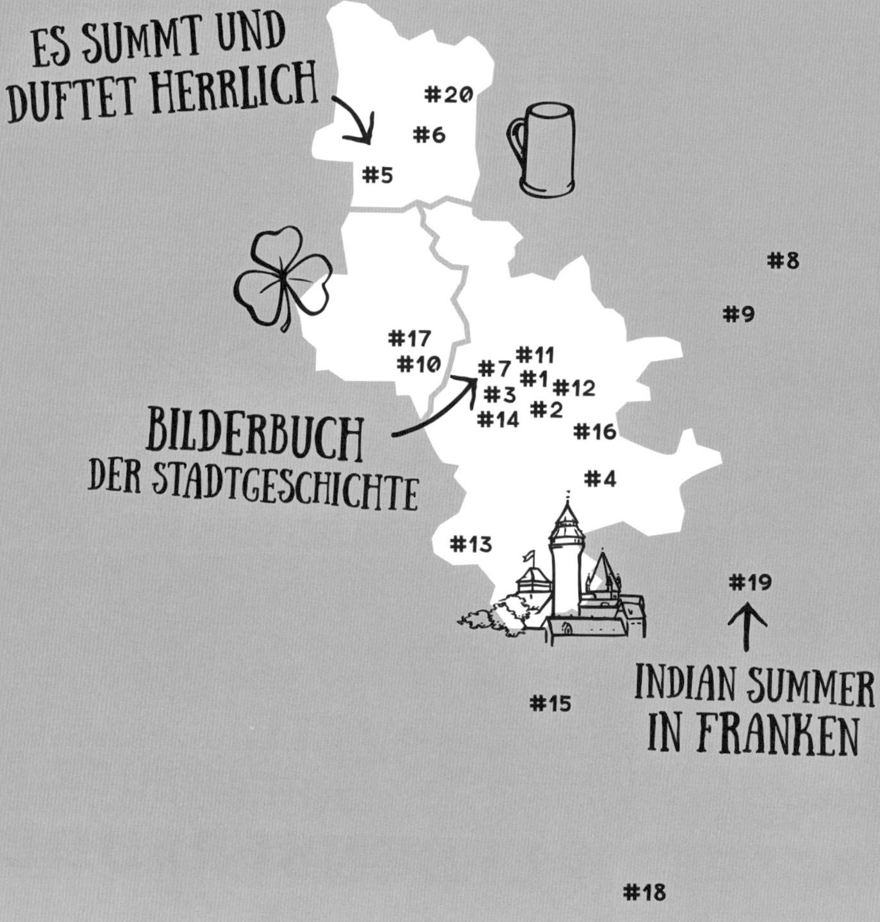

# Nur ein paar Stündchen

*Stand-Up-Paddling in der City, beim Bummel durch Parks die Blütenpracht genießen und nach Feierabend ein Picknick am See: Die kleine Auszeit ist ganz nah.*

4H

# DIE ZEIT VERGESSEN

… die Gärten an der Nürnberger Kaiserburg

**#1**

*Buntes Blütenmeer trifft auf verwunschenes Paradies. Vogelgezwitscher, Bienensummen und Grillenzirpen, doch ansonsten herrliche Ruhe. Vier Gärten rund um die Nürnberger Kaiserburg laden zum Verweilen und Durchatmen ein und bieten eine kleine Verschnaufpause inmitten der Nürnberger Altstadt.*

#Nürnbergromantisch #wasfürdieNase #Blütenzauber #Gartenliebe

Herrlich kann man im Sommer dem süßen Nichtstun im Bürgermeistergarten frönen, während am Tiergärtnertorplatz das Leben pulsiert.

An die Gärten der morgenländischen Königin Semiramis angelehnt, ließ Kaiser Friedrich III. auf der Südseite der Burg im 15. Jahrhundert hängende Gärten anlegen. Leider kann man heute dort nicht mehr lustwandeln. Doch rund um die Nürnberger Kaiserburg laden gleich vier andere schöne Gärten zum Spazieren und Verweilen ein. Selbst eingefleischte »Nämbercher« übersehen sie gern.

Der Spaziergang beginnt im Burghof, wo sich zwischen Heidenturm und Himmelsstallung ein kleines Tor zum Maria-Sibylla-Merian-Garten findet. Er erinnert an die bedeutende Nürnberger Künstlerin und Naturforscherin, die diesen Garten einst für ihre Studien nutzte. Er wurde mehrmals neu gestaltet, doch noch heute finden sich hier die Pflanzen, über die Maria Sibylla Merian einst in ihren Büchern schrieb. Neben heimischen Duft- und Schmuckpflanzen sind das auch tropische Pflanzen, die Merian von ihrer Südamerikareise mitbrachte. Spannend ist die »lebende« Wandtafel in einer Mauernische, die als Insektenhotel für Bienen, Käfer und Insekten aller Art dient.

Nun führt der Spaziergang weiter in den Burggarten, der wohl den meisten ein Begriff ist. Im Rosengarten auf der oberen Bastei breitet sich im Frühsommer ein herrliches Meer aus duftenden Rosen aus. Hier findet sich immer ein sonniges Plätzchen zum Verweilen. Mit einem guten Buch in der Hand kann man da schon mal die Zeit vergessen.

Nach der kleinen Pause nimmt man den Weg zur unteren Bastei, die mit ihren kunstvoll angelegten Baumrondellen einer herrschaftlichen Parkanlage gleicht. Von dort folgt man den schmalen Treppen hinab zum Bürger-

Auch bei heimischen Vögeln ist der naturnahe Bürgermeistergarten sehr beliebt.

meistergarten, der noch immer als absoluter Geheimtipp gilt, da er etwas schwer zu finden ist. Auf dem Weg nach unten lohnt ein Blick in den Wehrgang auf der Burgmauer. Über verwinkelte Wege, vorbei an Rhododendren, Stechpalmen und Sandsteinskulpturen, gelangt man auf die Steingalerie in dem Wehrgang der Burgmauer. Von hier bietet sich eine schöne Aussicht auf den Tiergärtnertorplatz, das Albrecht-Dürer-Haus und das Gassengewirr der Nürnberger Altstadt bietet. Eine Zeitreise ins Mittelalter. Übrigens ist der Bürgermeistergarten auch der einzige Ort, an dem die Burgmauer für die Öffentlichkeit zugänglich ist. Der Bürgermeistergarten, der früher an den Nürnberger Bürgermeister vermietet wurde, wirkt im Vergleich zu den herrschaftlichen Gärten auf der Bastei geradezu verwunschen. Keine Hektik, kaum Besucher, einfach nur Idylle.

Folgt man dem Weg weiter, gelangt man zum Ausgang am Neutor. Gleich gegenüber befindet sich der vom Bund Naturschutz betriebene Heilpflanzengarten, der Einblicke in die Welt der Heilkräuter eröffnet.

**FAZIT: STADTSPAZIERGANG FÜR ROMANTIKER UND RUHESUCHENDE. PERFEKT, UM DEM ALLTAGSSTRESS ZU ENTFLIEHEN.**

---

**Hin & weg:** Die Gärten sind von der Innenstadt aus gut zu Fuß erreichbar. Startet man am Hallertor, nimmt man am besten die Straßenbahnlinie 4.

**Dauer & Strecke:** 1,5 Stunden und 3 km zu Fuß.

**Beste Zeit:** Alle Gärten sind von 1. April bis in den Herbst hinein geöffnet. Informationen zu den genauen Öffnungszeiten finden sich unter www.tourismus.nuernberg.de/sehen. Am schönsten sind die Gärten von Mitte Mai bis Anfang Juni, wenn die Rosen in voller Blüte stehen.

**Ausrüstung:** Sonnenbrille und ein gutes Buch.

---

# LEBENDIGE HISTORIE

... am Wöhrder See

## #2

*Einst wurde der Wöhrder See als Stausee angelegt, um das Hochwasser aus der Nürnberger Altstadt fernzuhalten. Heute ist seine Wasserwelt ein facettenreiches Erholungsgebiet mitten in der Stadt, das man am besten mit dem Fahrrad erkundet.*



#TeamPinkFlamingo #aktivinderStadt #Iwanttoridemybicycle #Stadtplanschbecken

Seit der Vollendung des Stausees im Jahr 1981 wird die Nürnberger Altstadt vor Hochwasser geschützt, doch mit dem Wöhrder See entstand auch ein geschätztes Erholungsgebiet im Herzen der Stadt. Man trifft sich hier zum Baden, Skaten, Joggen und Radfahren oder mietet sich einen pinkfarbenen Flamingo, um übcr den See zu schippern. Doch rund um das Wasser gibt es noch mehr zu entdecken: ehemalige Herrensitze, alte Mühlen, mittelalterliche Industriesiedlungen und die heimische Flora und Fauna. Und das am besten mit dem Fahrrad.

Vom Stadtarchiv führt der Weg durch die Marientormauer. Nach der Unterführung dem Radweg folgend, geht es quer über die Wöhrder Wiese, wo am Wegrand im Frühjahr die Kirschbäume blühen. Am Ende des Wöhrder Talübergangs thront der Meergott-Brunnen, der einst das Nürnberger Volksbad zierte.

Einige Meter weiter lohnt sich ein Abstecher in die Tullnau bis zum Zeltnerschloss, der einstigen Fabrikantenresidenz von Johannes Zeltner. Dann wieder am See entlang, begleitet vom Duft des Bärlauchs, der am Wegrand sprießt,

Das Schild mit der Aufschrift »Einkehr zum Hammer« hat die Zeit überdauert, das Wirtshaus nicht.

und den gelben Sumpfschwertlilien, die das Ufer zieren. Ein Päuschen lohnt an der Satzinger Mühle, die erst Getreidemühle, später Papier-, dann Pulvermühle war und heute ein beliebtes italienisches Restaurant ist (www.alvecchio-mulino.de).

Gut gestärkt fährt man anschließend über den Naturerlebnispfad Pegnitztal-Ost durch die Villenkolonie Ebensee, bevor man auf einem langen Holzsteg die Pegnitzauen überquert. Nach dem Freibad Langsee geht es bergab zur Unterbürg, die einst der Sicherung der Han-

Das Zeltnerschloss beherbergt heute das Kulturzentrum des Stadtteils Gleißhammer.

delsstraße nach Osten diente. Der Straße folgend, gelangt man durch das große Tor zur Oberbürg, die 1943 zerstört wurde.

Die Pegnitz entlang geht es zum ehemaligen Fabrikgut Hammer. Die mittelalterliche Industriesiedlung war einer der führenden deutschen Standorte der Messingproduktion und trug maßgeblich zum wirtschaftlichen Aufschwung Nürnbergs bis ins 16. Jahrhundert bei. Heute ist die Stätte eine von wenigen in Europa, die erhalten blieben. Sie versetzt Besucher zurück in längst vergangene Zeiten. Man kann sich wunderbar vorstellen, wie hier einst Hammerschläge durch die Siedlung hallten.

Nach einem Besuch der Ausstellung im Uhrenhaus geht es zunächst auf demselben Weg zurück. Ab dem Langseebad folgt man den Schildern Richtung Altstadt am rechten Seeufer entlang. Wer mutig ist, kann am Sandstrand ein erfrischendes Bad nehmen. Oder man lässt sich die Sonne auf den Bauch scheinen, bevor man am Prinzregentenufer zurück zum Ausgangspunkt fährt.

**FAZIT: FACETTENREICHE RADTOUR DURCH DIE STADT – NATUR UND INDUSTRIEKULTUR LIEGEN HIER NAHE BEIEINANDER.**

---

Hin & weg: Start und Ziel der Radtour liegen in der Nürnberger Innenstadt.

Dauer & Strecke: 1,5 Stunden und 19 km mit dem Rad.

Beste Zeit: Besonders schön im Frühjahr, wenn die ersten Blumen am Ufer des Sees blühen.

Ausrüstung: Fahrrad, Decke und Sonnencreme. Für Mutige: Badesachen.

---

# LUST-WANDELN

## … in den Nürnberger Hesperidengärten

**#3**

*»Das Gold der Hesperiden«, die Zitrusfrüchte, galt in der griechischen Mythologie als Eigentum der Götter – deshalb wurde es streng bewacht. Zum Glück ist das im heutigen Nürnberg nicht der Fall, so lässt es sich durch die Gartenwelt der Hesperiden flanieren und dem Alltag für kurze Zeit entfliehen.*

#wenndasLebendirZitronengibt #barockeGartenwelten #diealtenGriechen

Eine Vielzahl von Statuen und Brunnen schmücken die Hesperidengärten. Die Statuen im nördlichen Teil stellen die vier Jahreszeiten dar.

Der Name der Hesperidengärten leitet sich von einem griechischen Mythos ab. Die Hesperiden sollen Nymphen gewesen sein, deren Aufgabe es war, die goldenen Äpfel – damit waren exotische Zitrusfrüchte gemeint – in dem gleichnamigen Garten zu bewachen. Angeblich spendete das goldene Obst ewige Jugend und Unsterblichkeit, darum galt es als Eigentum der Götter. Jedoch soll Herakles beauftragt worden sein, es aus den Hesperidengärten zu stehlen. Mit einer List überzeugte er den Titanen Atlas, die Zitrusfrüchte zu pflücken, und bestand so diese Aufgabe. Inspiriert durch diese Sage, bezeichneten Nürnberger Gelehrte im 17. Jahrhundert Zitrusfrüchte aufgrund ihrer goldenen Schale als »Hesperiden«. So kamen die barocken Gartenanlagen in Nürnberg zu ihrem äußerst klangvollen Namen.

Einst waren die Hesperidengärten Teil eines grünen Gürtels entlang der Stadtmauer. Ganze 360 Gärten legten Patrizierfamilien und Kaufleute nach italienischem Vorbild vom 15. bis zum 18. Jahrhundert vor den Toren der Reichsstadt an. Die Ziergärten hinter den Sommerhäusern wurden zunächst im Renaissance-, später im Barockstil errichtet und mit Brunnen und Figuren aus heimischem Sandstein ausgestattet. Für südländisches Flair sorgten zahlreiche exotische Limonen-, Orangen- und Pomeranzenbäume.

Noch heute zeugen die Namen so mancher Nürnberger Stadtteile von der vormaligen Gartenpracht. Allerdings findet man heute nur noch fünf dieser zauberhaften Hesperidengärten – sie verstecken sich hinter den Patrizierhäusern in der Johannisstraße. Diese wurden in den 1980er-Jahren im Stil des 17. und 18. Jahrhunderts rekonstruiert, und so duftet es heute wieder herrlich nach Zitrusfrüchten, wenn man die Gartenwelt der legendären Hesperiden betritt.

Drei zusammengelegte, frei zugängliche Gärten finden sich an den Häuserrückseiten der Johannisstraße 43 bis 47 gleich hinter dem Barockhäusle. Nach einem Spaziergang durch die prachtvolle wohlduftende Parkanlage mit seinen lauschigen Ecken, Statuen, Wasserbecken, herrlich duftenden Blumen und Zitrusfrüchten lädt der Biergarten des Barockhäusle zu einem gemütlichen Plausch bei fränkischen Spezialitäten ein. Man munkelt, hier gebe es eines der besten Schäufele der Stadt. Schleckermäuler gehen gleich nebenan in die nos-

Streng bewacht, wie in der griechischen Mythologie beschrieben, werden die Zitrusfrüchte heute nicht mehr. Doch sie zieren noch immer die Gärten.

talgische Kaffeestube am Hesperidengarten. Nach einem Stück hausgemachtem Kuchen und Kaffee setzt man den Spaziergang zur Johannisstraße 13 fort. Hinter dem Haus versteckt sich ein Barockgarten mit einem Gartenpavillon, der heute eine Ausstellung über »Die Goldenen Äpfel in Nürnbergs Hesperidengärten« beherbergt.

**FAZIT: WIE EIN KURZURLAUB IN ITALIEN! LA DOLCE VITA GENIESSEN – UND DAS MITTEN IN NÜRNBERG.**

**Hin & weg:** Mit Straßenbahnlinie 6 bis Hallerstraße oder mit der U3 bis Klinikum Nord.

**Dauer:** 2 Stunden.

**Beste Zeit:** Von April bis Ende Oktober täglich von 8–20 Uhr geöffnet. Am schönsten sind die Gärten ab Mitte Juni, wenn alle Blumen farbenprächtig blühen.

**Ausrüstung:** Wer mag, ein gutes Buch.

Laube aus der
Kleingartenanlage
Kohlbuck

→ ABSTECHER …

# VON WEGEN SPIEßIG

… das Laubenmuseum in Nürnberg

## #4

*Kleingärten? 200 Jahre alt und hip wie nie! Ihren Ruf als Symbol deutscher Spießigkeit haben sie abgelegt. Jäten, Gießen und Ernten liegen ebenso im Trend wie Filterkaffee und Stulle. Das Laubenmuseum umweht ein Hauch von Nostalgie, aber es ist eben auch ziemlich cool.*

#LaubenmitGeschichte #Schrebergärtensindhip #einHauchvonNostalgie

In den ideenreich gestalteten Lauben kommen Romantiker voll auf ihre Kosten.

Während der Industrialisierung im 19. Jahrhundert wurden die Rufe nach innerstädtischen Grün- und Spielflächen für Kinder zunehmend lauter. Von Leipzig ausgehend, entstanden mehr und mehr Kleingärten. Aufgrund der Wohnungsnot in diesen Jahren baute man in den Gärten Lauben, die vielen Menschen als hölzerne Notdomizile dienten.

Ende des 20. Jahrhunderts jedoch stand der Schrebergarten ganz weit oben auf der deutschen Spießigkeitsskala: Man assoziierte ihn mit griesgrämigen Rentnern, die ihren Rasen mit der Nagelschere schneiden, mit akkurat gestutzten Hecken und mit Gartenzwergen.

Dieses verstaubte Image ist längst nicht mehr zeitgemäß. Kleingärten sind hip wie nie. Unkrautzupfen, Gießen und Ernten – auf Neudeutsch »Urban Gardening« – liegen total im Trend, immer mehr junge Städter sehnen sich nach einem Flecken Grün zum Erholen und zum Anbau von Gemüse und Obst. Auch in der Kleingartenkolonie Karwendelstraße in Langwasser weht heute wieder ein frischer Wind.

Zu groß geratene Puppenstuben oder zu klein geratene Bauernhäuser?

Bei einem gemütlichen Spaziergang durch die Anlage entdeckt man herrliche Gärten. Keiner gleicht dem anderen, jeder ist so individuell wie sein Besitzer. Präzise geschnittener Rasen neben wild wucherndem englischen Bauerngarten. Grinsende Gartenzwerge im einen Garten, Upcycling im nächsten.

Der Spaziergang endet im Laubenmuseum am Eingang der Gartenanlage. Es verströmt einen Hauch von Nostalgie, und der Besuch des Museums gleicht einer Zeitreise. Sieben verschiedene Lauben mit Einrichtungsgegenständen aus der Zeit ab 1920 findet man hier. Sie wurden an ihren Originalstandorten ab- und im Museum wieder aufgebaut. Liebevoll restauriert stehen sie nun da und gleichen zu groß geratenen Puppenstuben. In jeder Laube gibt es eine Infotafel mit Hinweisen zu Standort, Baujahr und ehemaligem Besitzer.

Nach den Einblicken kann man anschließend ein Getränk und gutbürgerliches Essen in der Karwendelstube genießen, sie ist Treffpunkt der Laubenbesitzer und Ort vieler Feiern.

**FAZIT: KLEINE ZEITREISE IN DIE NÜRNBERGER GESCHICHTE DES KLEINGARTENWESENS – FÜR GROßSTADT-HIPSTER UND ANGEHENDE LAUBENPÄCHTER.**

Hin & weg: Mit der U-Bahn Linie U1 bis Scharfreiterring und dann in wenigen Minuten zu Fuß zum Laubenmuseum.

Dauer: 1 Stunde.

Beste Zeit: Immer sonntags von Frühjahr bis Herbst. Öffnungszeiten des Museums unter www.kleingaertner-nuernberg.de

Ausrüstung: Kamera und Neugierde.

# PRÄCHTIGE RARITÄTEN

... in der Lilien-Arche Erlangen

**#5** *Welch betörender Duft! Ein atemberaubendes Meer aus eleganten Blüten! Wie kaum eine andere Pflanze bezaubert die Lilie mit ihrer unbändigen Schönheit. Besucher finden in dem Erlanger Garten seltene Arten und einen fachkundigen Experten noch dazu.*



#Farbfeuerwerk #vonBlumenundBienen #Schaugarten #ooohwiedasduftet

Die Lilie bezirzt ihre Betrachter mit wunderbar süßlichem Duft und strahlenden Farben.

Der Sage nach sind weiße Lilien aus der Muttermilch der antiken Göttermutter Hera entstanden, als sie auf die Erde tropfte. Auf jeden Fall ist die Lilie eine der ältesten Kulturpflanzen der Welt und die große Leidenschaft von Gärtner Stefan Strasser. Wen wundert es? Wie kaum eine andere Pflanze weiß sie mit ihrem Duft und ihrer Schönheit zu verzaubern. Für seine Arche spürt Stefan Strasser immer wieder seltene, fast schon ausgestorbene Lilienarten auf und vermehrt sie. So können Besucher im Erlebnisgarten in Kriegenbrunn ein atemberaubendes Blütenmeer genießen – Lilien in unterschiedlichsten Formen, Farben und Wuchshöhen. Man kann sich gar nicht sattsehen an den Grazien.

Doch die Aristokratin unter den Zwiebelpflanzen ist nicht einfach nur schön: In Asien gilt sie noch heute als Heilpflanze, in der Krebsforschung spielt sie derzeit eine große Rolle, und essen kann man sie auch. Die gelben Blätter der Taglilie direkt roh, die Knollen der Tigerlilie lassen sich wie eine Kartoffel kochen, und Salaten verleihen Lilien eine ganz besondere Extravaganz und ein feines Aroma.

Auf einer Führung zeigt der passionierte Gärtner jedoch nicht nur seine geliebten Lilien. Auf äußerst unterhaltsame Weise führt er durch seinen Hortus - einen Garten, der in drei Zonen aufgeteilt ist. Eine Pufferzone aus heimischen Sträuchern umgibt den Hortus und hält die schädlichen Einflüsse von außen ab. In der Hotspotzone wachsen heimische Wildstauden, Wiesenblumen und Kräuter. Sie bieten Bienen und Co. optimale Lebensbedingungen. Ein wichtiger Beitrag zum Erhalt der Vielfalt im Garten. In der Ertragszone wird Gemüse angebaut, vor allem alte Sorten findet man hier.

Übrigens: Gegossen wird im Freiland laut Stefan Strasser nicht. Was nicht überlebt, gehört nicht in seinen Garten. Unkraut jäten? Das trocknet nur den Boden aus. Pestizide gibt es schon gar nicht. Natur pur ist das Motto im Garten - die Natur regelt alles. Blattläuse dürfen bleiben, wo sie sind, schließlich sind sie Futter für die Stieglitze. Tüchtige Ameisen schützen die Pfingstrose vor Raupen und ihrem Hunger. Das Trockenbiotop bietet zu-

---

Hin & weg: Mit dem eigenen Auto in 25 Minuten ab Nürnberg und in 20 Minuten ab Fürth. Ab Erlangen ist die Lilien-Arche bequem mit dem Fahrrad zu erreichen.

Dauer: 1,5 Stunden.

Beste Zeit: Von Mai bis September nach telefonischer Anmeldung. Mehr unter www.lilienarche.de

Ausrüstung: Je nach Wetter Sonnenhut oder Regenjacke und Gummistiefel.

---

Die roten Blüten des Klatschmohns sind ein echter Hingucker, die grünen Pollen der Pflanze sind aber auch eine wichtige Nahrungsquelle für Bienen, Hummeln und Co.

dem zahlreichen Echsen und Insekten eine wunderbare Heimat. Lurche, Fische, Frösche und Kröten fühlen sich im Himmelsweiher-Feuchtbiotop pudelwohl, und die Feldhasenmama, die durch den Garten hoppelt, scheint das Naturparadies ebenfalls in vollen Zügen zu genießen.

Tipp: Wer der betörenden Schönheit der Lilien am Ende komplett verfallen ist, kann bei Stefan Strasser Exemplare für den heimischen Garten oder Balkon erwerben und sich gemeinsam mit den Bienen fortan auch zu Hause an einer seltenen Rarität erfreuen.

**FAZIT: WER SCHON IMMER ETWAS ÜBER LILIEN UND ANDERE PFLANZENRARITÄTEN WISSEN WOLLTE, WIRD HIER AUF UNTERHALTSAME WEISE FÜNDIG.**

DONNERSTAG
06 JUNI / 19 UHR
GARTENSITZUNG
JEDEN
AB 15 UHR
GARTENCAFÉ

# EINFACH MITMACHEN

## ... »Unser Garten Bruck« in Erlangen

**#6**

*Gemeinsames »Garteln« macht Spaß, stärkt das Gemeinschafts- und Verantwortungsgefühl, macht Natur in der Stadt erlebbar und bringt frische regionale Produkte auf den Tisch. Auch in Nürnberg, Fürth und Erlangen ist der Urban-Gardening-Trend mittlerweile schon angekommen.*

Im idyllischen Gartencafé sitzen, dabei die Natur und die selbst gebackenen Kuchen aus Elfriedes, Reginas und Barbaras Küche genießen – was gibt es Schöneres?

Kleine Tische mit bunten Tischdecken stehen inmitten der Beete auf der Blumenwiese, auf den Tischen bezaubernde Wildblumensträuße. Es duftet herrlich nach selbst gebackenem Kuchen und frischem Kaffee aus der Küche des interkulturellen Gemeinschaftsgartens Unser Garten Bruck. Jung und Alt sitzen gemeinsam an den Tischen, Kinder spielen Fangen zwischen den Stühlen und den Bäumen auf der Streuobstwiese. Man hält ein Pläuschchen, tauscht sich aus und genießt.

Jeden Donnerstag sind die Pforten des Unser Garten Bruck zum gemeinsamen »Garteln« geöffnet. Doch vor der Arbeit kommt bekanntlich das Vergnügen, darum gibt's erst mal Kaffee! Die Einnahmen des Kaffee- und Kuchen-Verkaufs fließen direkt in ein Hilfsprojekt in Indien. Bei Käse- und Erdbeerkuchen, die Früchte natürlich aus dem eigenen pestizidfreien Garten, werden die Aufgaben des Tages besprochen. Anschließend geht es an die Arbeit.

Es wird gemulcht und geerntet, was gesät wurde. Gerade sind Kopfsalat und Gurken reif. Das Unkraut im Beetbereich und in den Hochbeeten muss entfernt werden. Learning by Doing ist angesagt, die Jungen lernen von den Alten und umgekehrt. Alter, Herkunft und so-

---

**Hin & weg:** Von Nürnberg und Fürth mit der S1 bis Paul-Gossen-Straße, aus Erlangen mit den Bus Linien 284, 285, 294 bis Langfeldstraße.

**Dauer:** 2–3 Stunden.

**Beste Zeit:** In der Gartensaison, doch auch im Winter gibt es interessante Angebote im Kulturpunkt Bruck (www.kulturpunkt-bruck.de).

**Ausrüstung:** Einen grünen Daumen, Ideen und gute Laune.

---

Der Säulenapfel Starcats ist resistent gegen diverse Apfelkrankheiten und eignet sich daher besonders gut für den ökologischen Anbau.

zialer Stand spielen hier keine Rolle, beim gemeinsamen Gärtnern findet ein generationenübergreifender und interkultureller Austausch statt. Jeder bringt seine Ideen und seine Erfahrungen ein.

Doch im Gemeinschaftsgarten Bruck ist nicht nur gemeinsames Gärtnern angesagt, auch Künstler können sich einbringen und den Garten aktiv mitgestalten. Upcycling und Nachhaltigkeit werden hier großgeschrieben. Alte Einkaufswagen wurden liebevoll mit bunten Blumen bepflanzt. Zwischen den alten Gemüsesorten genießt eine Schaufensterpuppe die Sonne, und die Bäume auf der Streuobstwiese wurden mit zauberhaft gestalteten Namensschildchen aus Ton versehen. Gartenkunst, so weit das Auge reicht.

Bei Vorträgen und Workshops wird auch gemeinsam gelernt, oder man feiert zusammen, wie das indische Farbenfest Holi. Wer mehr über die Imkerei oder die indische Küche erfahren möchte, ist ebenfalls goldrichtig im Gemeinschaftsgarten.

Neben dem Garten selbst wird außerdem das Gartenlädla betrieben, wo man die Produkte aus der Wilden Küche des Gemeinschaftsgartens erwerben kann. Aus seinen Tomaten wird zum Beispiel ein köstliches grünes Tomatenrelish hergestellt. Nektarinen und Zitronenverbene werden zu Marmelade eingekocht, und für die schnelle Hilfe bei Insektenstichen gibt es die hausgemachte Spitzwegerichtinktur.

**FAZIT: GIBT ES ETWAS SCHÖNERES, ALS IN DER NATUR ZU ENTSCHLEUNIGEN UND SIE ZU GENIEßEN, GLEICHZEITIG ETWAS ZU LERNEN UND DABEI AUCH NOCH GUTES ZU TUN?**

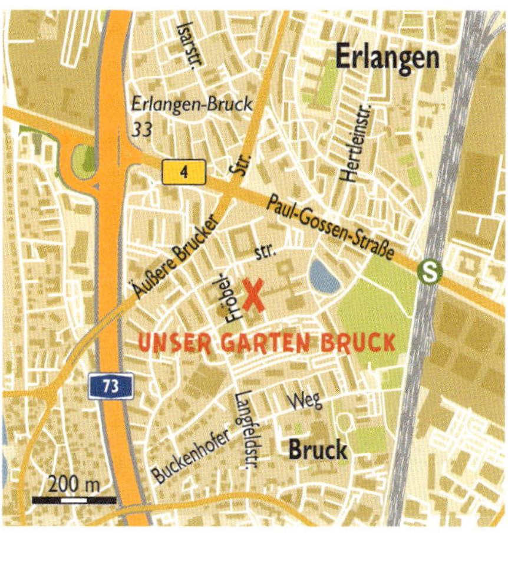

RUHE
STÄTTE
DER
FAMILIE

→ ABSTECHER …

# STADT-GESCHICHTE ERLEBEN

## … auf Nürnbergs Friedhöfen

**#7**

*Wer mehr über die Nürnberger Stadtgeschichte erfahren möchte, sollte den weltbekannten St.-Johannisfriedhof und den deutlich unbekannteren St.-Rochusfriedhof besuchen. Zwischen kunstvollen Gräbern mit Epitaphen und reichem Blumenschmuck lässt es sich herrlich entlangspazieren.*

#Rosenmeer #berühmteNürnberger #BilderbuchderStadtgeschichte

Der auf zwei Knochen liegende, lebensgroße Totenkopf bedeckt den Grabstein von Andreas Georg Paumgartner und zählt zu den bedeutendsten barocken Epitaphen des St.-Johannisfriedhofs.

Bis zum ausgehenden Mittelalter wurden verstorbene Nürnberger Bürger noch innerhalb der Stadtmauern auf den Friedhöfen der Pfarrgemeinden St. Sebald und St. Lorenz begraben. Dies änderte sich jedoch durch die Pestepidemie 1517/18. Kirchgänger befürchteten, der »Pesthauch« könnte aus den Gräbern rund um die Kirche aufsteigen. So beschloss der Rat, dass Tote aus hygienischen Gründen fortan nur noch vor den Toren der Stadt begraben werden dürfen. St. Sebald verlegte seinen Friedhof nach Johannis, St. Lorenz seinen in die Nähe von Gostenhof, das damals noch ein Dorf war.

Der Stadtteil Johannis zählt zu den schönsten Nürnbergs und ist Heimat einer der bedeutendsten Begräbnisstätten Europas. In strengen Reihen liegen die Sandsteingräber da und bieten ein ungewöhnliches Bild. Der reichhaltige Blumenschmuck erfreut das Besucherherz, besonders im Juni, wenn die Rosenbüsche in den schönsten Farben blühen. Diese einzigartige Atmosphäre macht den Friedhof, auch »Rosenfriedhof« genannt, neben einem Ort der Trauer gleichzeitig auch zu einem Ort des Lebens und der Hoffnung.

Einzigartig sind auch die Bronzeepitaphe auf den Gräbern. Hier wird Stadtgeschichte lebendig. Auf den Gräbern kann man wie in einem Buch lesen. Sie berichten von Handwerkskünsten, Hochzeiten, Familientragödien und berühmten Persönlichkeiten. Man liest Namen wie den des Malers Albrecht Dürer, des Direktors der ersten deutschen Eisenbahn Johannes Scharrer sowie des Bildhauers Veit Stoß. Sie liegen hier neben mehr oder weniger »normalen« Bürgern begraben.

Berühmte Persönlichkeiten findet man auf dem St.-Rochusfriedhof im Stadtteil Gosten-

---

**Hin & weg:** Zum St.-Johannisfriedhof gelangt man mit der Straßenbahnlinie 6 bis St.-Johannisfriedhof oder mit der U3 bis Klinikum Nord. Den Rochusfriedhof erreicht man aus der Innenstadt zu Fuß (ca. 10 Minuten Richtung Plärrer) oder mit den U-Bahn-Linien 1, 2 oder 3 bis Plärrer.

**Dauer:** 3 Stunden.

**Beste Zeit:** Am schönsten ist es hier im Juni, wenn die Rosen blühen. Der Geschichte für Alle e. V. bietet einmal pro Monat eine Führung auf dem Johannisfriedhof an. Mehr unter www.geschichte-fuer-alle.de

**Ausrüstung:** Kamera.

---

Die Grabkapelle der Patrizierfamilie Imhoff, eine Schatzkammer sakraler Kunst, wurde dem Pestheiligen Rochus von Montpellier geweiht.

hof nur wenige. Die hier bestatteten Bewohner der Lorenzer Stadtseite waren hauptsächlich Handwerker und Kleinbürger. Auch Touristen verirren sich selten hierher, daher ist der Friedhof eine Oase der Ruhe inmitten der Hektik der Stadt. Wie am St.-Johannisfriedhof findet man hier sandsteinerne Gräber, reichen Blumenschmuck, jahrhundertealte Bäume und Epitaphe. Die Rochuskapelle, die einst für die Patrizierfamilie Imhoff errichtet wurde und ihr später als Familiengruft diente, zählt zu den letzten gotischen Kirchenbauten der Stadt. Die beeindruckenden Glasfenster wurden nach Entwürfen von Albrecht Dürer gefertigt.

**FAZIT: ZWEI BILDERBÜCHER DER STADTGESCHICHTE IN TRAUMHAFTER KULISSE.**

→ ABSTECHER …

# LANG-SCHLÄFER-TOUR

## … durch die Bitterbachschlucht

**#8**

*Sonntags erst mal ausschlafen und dennoch etwas erleben? Kein Problem, die Wanderung durch die Bitterbachschlucht kann man gut und gerne auch erst am frühen Nachmittag beginnen. Hunde freuen sich über den Auslauf, und auf halbem Weg wartet außerdem »a gscheides fränkisches Essen« auf Herrchen und Frauchen.*

#derfrüheVogelkannmichmal #Schluchten #aufvierPfotendurchdieKlamm

Die Bitterbachschlucht ist ein Wanderparadies für Zweibeiner und Vierbeiner, und beide sind auch im Hallerschlösschen herzlich willkommen.

Vom Parkplatz an der Bitterbachhalle geht es über den Naturlehrpfad mit seinen Erklärungstafeln zur heimischen Natur geradewegs in die wildromantische Bitterbachschlucht. Die schmale Klamm hat der Bitterbach einst mit voller Kraft durch den hier allgegenwärtigen Burgsandstein geschnitten.

Der Weg führt über gut befestigte Brücken, vorbei an steilen und zum Teil unterspülten Schluchtenwänden und äußerst sehenswerten Formationen aus Sandstein. Saftig grüne Moose und die unterschiedlichsten Farne überwuchern prächtig die Felsen. Je nach Tages- und Jahreszeit schimmert das Wasser des Bachs mal eher braun, mal grün, mal leuchtend türkis. Vereinzelt begegnen Wanderern hier und da kleine Wasserfälle, im Sommer gleichen diese allerdings eher einem winzigen Rinnsal. Der Hund ist natürlich trotzdem begeistert, denn ein bisschen planschen kann man hier immer.

Hinter der Schlucht führt der Weg durch den Sebalder Reichswald und über eine Wiesenfläche schnurstracks nach Nuschelberg ins Gasthaus Hallerschlösschen (www.hallerschloesschen.de), das Wanderer bereits seit Generationen in seinen alten Gemäuern empfängt. Im Sommer lässt man sich dort fränkische Spezialitäten und ein erfrischendes Bier im urigen Biergarten unter den alten Linden schmecken. Bei schlechtem Wetter schmeckt es auch drinnen lecker: Dann herrscht gemütliches Ambiente im historischen Haupthaus.

Tipp: Die hausgemachten Kuchen mit Früchten aus dem heimischen Obstgarten sind ein absolutes Gedicht! Bekannt ist das Hallerschlösschen aber auch für den Nuschelberger

Karpfen, der allerdings nur von September bis April, also in den Monaten mit R, Saison hat.

Mit gut gefülltem Bauch und rundum zufrieden, tritt man den Rückweg an. Zunächst vorbei am Karpfenweiher, dann wieder rein in den Sebalder Reichswald. Heimische Wildblumen zieren den Wegrand, und alsbald hat man auch schon den Ausgangspunkt an der Bitterbachhalle wieder erreicht.

---

Hin & weg: Ab dem Nürnberger Hauptbahnhof mit dem Regionalzug in 20 Minuten zum Bahnhof Lauf r. d. Pegnitz. Danach rund 10 Minuten zu Fuß zum Startpunkt an der Bitterbachhalle. Alternativ mit dem Auto direkt zum Parkplatz an der Bitterbachhalle.

Dauer & Strecke: 3,5 Stunden und 8,5 km zu Fuß.

Beste Zeit: Ganzjährig möglich.

Ausrüstung: Hund, Wanderschuhe.

---

**FAZIT: KURZE UND EINFACHE SONNTAGSWANDERUNG. PERFEKT FÜR LANGSCHLÄFER UND DER HUND HAT EBENFALLS SPAß!**

# SÜßE FRÜCHTCHEN

## … im Beerenland Rückersdorf

**#9**

*Schon Ludwig XV. liebte Erdbeeren heiß und innig und ließ sie in seinen königlichen Gärten in großen Mengen anbauen. Heute bekommt man im Supermarkt meist nur mickrige Schälchen zu kaufen. Wie wäre es also mit Selbstpflücken auf einem der Erdbeerfelder?*

 #StrawberryFieldsForever #Sommerliebe #Erdbeermund #AchtungSonnenbrand

Auf zwei Plantagen des Beerenlandes können Selbstpflücker unter freiem Himmel gereifte Erdbeeren selbst ernten. Eine der Plantagen liegt in Wolkersdorf, eine andere in Rückersdorf. Falls die Erdbeerzeit schon wieder vorbei ist, findet man stattdessen Heidelbeeren, Himbeeren und Johannisbeeren, die man direkt vom Strauch pflücken kann. Und wer schon immer mal eine Wassermelone tragen wollte: In Wolkersdorf ist auch ihre Ernte möglich.

Doch zurück zu den Erdbeeren, der Sommerfrucht schlechthin! Im Beerenland Rückersdorf hängen diese in unzähligen Reihen dicht an dicht und warten nur darauf, gepflückt zu werden. Große und kleine saftig rote Beeren. Die ersten landen natürlich im Mund. Was man direkt isst, muss nicht bezahlt werden. Und wer kann bei diesen herrlich süßen Früchtchen schon widerstehen? Das sehen die vielen anderen Selbstpflücker, die durch

die Reihen krabbeln, ähnlich – besonders die kleinen. Rote Händchen und noch rötere Münder verraten sie sofort. Doch von eigener Hand gepflückt schmecken die Beeren doch einfach am allerbesten.

Einmal gut gesättigt, ist dann das Körbchen dran, das entweder selbst mitgebracht oder vor Ort gekauft werden kann. Darin landen natürlich nur die allerschönsten erdbeerroten Früchte, und was das Beste ist: Sie kosten tatsächlich nur einen Bruchteil von dem, was im Supermarkt für das heiß geliebte Obst veranschlagt wird.

Daheim werden die süßen Früchtchen anschließend zu Erdbeerkuchen und Marmelade verarbeitet – mmmmh, einfach lecker. Wenn man es etwas exotischer mag:

**Erdbeeren mit grünem Pfeffer, Grand Marnier und Mascarponecreme**

*Zutaten für 2 Portionen:*
*150 g Mascarpone*
*50 g griechischer Joghurt*
*1 Vanilleschote*
*Schale von 1 Limette*
*200 g Erdbeeren*
*2 EL Puderzucker*
*2 cl Zitronensaft*
*2 EL Butter*
*1 EL eingelegter grüner Pfeffer*
*2 cl Grand Marnier*
*3 cl Orangensaft*
*Minze*

*Zubereitung:*
*Mascarpone mit Joghurt, dem Mark der Vanilleschote und der Limettenschale glatt*

Am besten löst man die Erdbeeren mit den dunkelgrünen Kelchblättern, so läuft an der Bruchstelle kein Saft heraus, und die süßen Früchtchen bleiben länger frisch.

*rühren und auf Gläser verteilen. Erdbeeren putzen, halbieren und mit 1 EL Puderzucker und 1cl Zitronensaft marinieren. Die Butter aufschäumen. Pfeffer und Erdbeeren zugeben und mit dem restlichen Puderzucker durchschwenken. Mit Grand Marnier ablöschen und mit Orangen- und Zitronensaft abschmecken. Erdbeeren auf der Creme verteilen. Mit Minze garnieren.*

---

**Hin & weg:** Mit der Regionalbahn bis Rückersdorf, die restlichen 300 Meter mit dem Fahrrad oder zu Fuß.

**Beste Zeit:** Mitte Juni bis Mitte Juli, wenn die Früchtchen reif sind. Öffnungszeiten auf www.cafebeerenland.de

**Dauer:** 1-2 Stunden.

**Ausrüstung:** Sonnenschutz und ein Körbchen.

---

**FAZIT: ALL YOU NEED IS LOVE – UND GANZ VIELE ERDBEEREN!**

# ZWISCHEN BLÜTEN UND TÖNEN

## … im Stadtpark Fürth

**#10**

*Man hört das Geschnatter der Enten, das Summen der Bienen und das Geplätscher der Wasserspiele: Es ist Sommer im Fürther Stadtpark. Die Parkanlage ist ein bezauberndes Paradies inmitten des Stadttrubels, in dem es sich wunderbar flanieren lässt. Ein Highlight im Parkjahr ist die Classic Night im Juni.*

#blühenderHochgenuss #Flanieren #GrünesWohnzimmeranderPegnitz

Von einem duftenden Blütenmeer umgeben, steht die Auferstehungskirche, die zweitälteste Kirche der Stadt, inmitten des Fürther Stadtparks.

Der abwechslungsreiche Stadtpark Fürth gilt als heimliche Liebe der Fürther. Wen wundert das? Das grüne Herz der Stadt ist eine Oase der Ruhe, zumindest wenn nicht gerade die Classic Night stattfindet, während der man sich einfach mal davonträumen kann.

Das Areal war bereits im 19. Jahrhundert eine Grünanlage, die so genannte Engelhardtsanlage. Nach und nach wurden der Schwanenweiher angelegt, das erste Stadtparkrestaurant öffnete seine Pforten, und der Friedhof an der Auferstehungskirche wurde in den Park integriert. Anschließend zogen zahlreiche Steinfiguren in den Stadtpark ein.

Doch erst als Fürth 1951 Großstadtstatus erreichte und in diesem Zug die Gartenschau »Grünen und Blühen« ausrichtete, erhielt der Stadtpark durch den Stadtgartendirektor Hans Schiller sein heutiges Aussehen. Er konzipierte den Rosengarten und den Laubengang hinter der Kirche, durch den man heute wieder herrlich flanieren kann – umgeben vom betörenden Duft der Rosen. Dank Schiller kann man bei einem Cappuccino in der ehemaligen Milchgaststätte, heute das Stadtparkcafé, die Seele baumeln lassen oder im Insektarium in die Geheimnisse der Insektenwelt eintauchen. Auch der Fontänenhof und der Rhododendrongarten laden zum Spazieren ein. Auf dem Baumlehrpfad lernt man mehr über die heimischen Schattenspender. Bei den Kleinen besonders beliebt: der von Märchenfiguren eingerahmte Kinderspielplatz.

Auf der malerischen Steintribüne finden in den Sommermonaten Filmvorführungen statt, und Cineasten können hier unter dem Sternenhimmel ihrer Lieblingsbeschäftigung frönen. Doch

am schönsten ist es im Stadtpark Mitte Juni, wenn man sich nach einem Spaziergang durch die Grünanlage auf der Liegewiese am Weiher niederlässt, den Picknickkorb auspackt und den klassischen Klängen des Stadttheaters Fürth bei der Classic Night lauscht. Schöner geht es kaum! Das spezielle Ambiente und die einzigartige Kulisse locken selbst eingeschworene Klassikmuffel ans Pegnitzufer.

**FAZIT: EIN GANZ ZAUBERHAFTER ORT ZUM FLANIEREN IN DER MITTE VON FÜRTH – IM SOMMER DAS WOHNZIMMER DER STADT!**

---

**Hin & weg:** Von Nürnberg geht es mit der U1 zum Fürther Hauptbahnhof, von Erlangen mit der S1 oder R2. Der Stadtpark ist zu Fuß vom Fürther Hauptbahnhof gut erreichbar.

**Dauer:** 1–2 Stunden, mit Classic Night 4 Stunden.

**Beste Zeit:** Zum Flanieren ganzjährig, im Juni zur Classic Night (www.classicopenair.com).

**Ausrüstung:** Decke, Picknick und ein Pulli, wenn es kühl wird.

---

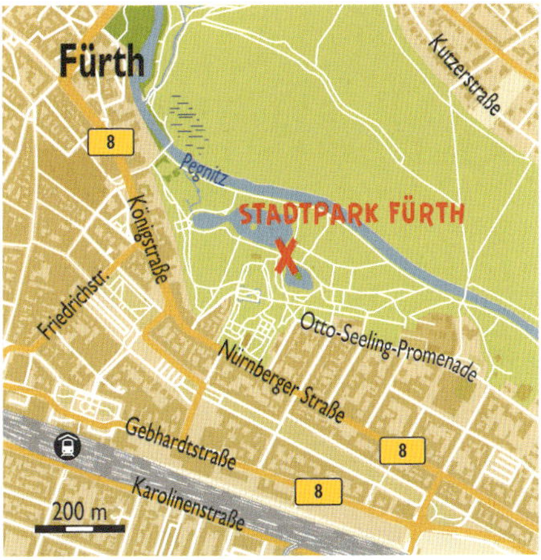

# ZEITLOSE RUHE

… im Nürnberger Burggraben

## #11

*Gleich hinter dem Tiergärtnertor geht es die Treppen hinab in den Burggraben, und man hat das Gefühl, in einer anderen Welt zu sein – einer Welt, die selbst den meisten Nürnbergern unbekannt ist: den verwunschenen Gärten der Schnepperschützen.*

Welch romantische Laubenidylle. Wer würde in so einem zauberhaften Garten nicht gerne viele Stunden seiner Freizeit verbringen?

Die Schnepper, eine leichte Armbrust, war bis zum 16. Jahrhundert die gebräuchlichste Waffe der wehrpflichtigen Bürger von Nürnberg. Trainiert wurde der Umgang mit der Schnepper in Schützenvereinigungen, die ihre Schießplätze in den Gräben der Stadtbefestigung hatten.

Schneppern – so nennt man das Geräusch, das der Bolzen beim Abzug verursacht – ertönt heute nur noch selten in der einstigen Übungsanlage im Burggraben. Fünfmal jährlich treffen sich die Schnepperschützen noch, um mit ihrer Armbrust auf Scheiben zu zielen. Den Rest des Jahres herrscht in den Gärten unterhalb der Burg jedoch absolute Ruhe. Nur das eine oder andere freche Vögelchen stört hin und wieder mit seinem Gezwitscher den herrlichen Frieden.

Der Spaziergang führt vom Albrecht-Dürer-Haus durch das Tiergärtnertor in der Stadtmauer und anschließend über die Holztreppen hinab in den Burggraben und in das Gartenreich der Schnepperschützen. Wenn man sich immer gen Osten hält, spaziert man im Schutz der Burgmauer an 13 Kleingärten vorbei. Wilde Rosen ranken sich am Weg entlang, Efeu wuchert an abgestorbenen Bäumen, wäh-

---

**Hin & weg:** Der Vestnertorgraben ist von der Innenstadt aus zu Fuß zu erreichen (10 Gehminuten vom Hauptmarkt Richtung Tiergärtnertor).

**Dauer:** 1–2 Stunden.

**Beste Zeit:** Frühjahr bis Herbst, da das Café Schnepperschütz über den Winter seine Pforten schließt.

**Ausrüstung:** Hunger und ein gutes Buch.

---

Mitten im Grünen genießen die Schnepperschützen den perfekten Ausblick auf die Nürnberger Burg, das imposante Wahrzeichen der Stadt.

rend in den Gärten vor allem alte Pflanzen wie Felsenbirnen, Quitten oder Kornelkirschen wachsen, die seltenen heimischen Tierarten einen Lebensraum bieten.

Wer selbst gerne eine Parzelle erwerben möchte, sollte sich übrigens keine Hoffnungen machen: Auch heute noch werden sie ausschließlich an Mitglieder des Sportschützenvereins der Schnepperschützen, die in Nürnberg wohnen oder dort geboren sind, vermietet. Die meisten Parzellen sind seit Generationen in Familienbesitz.

So wird einem wohl das Glück nicht zuteil, allabendlich die letzten Sonnenstrahlen und das mediterrane Flair im eigenen Garten im Burggraben genießen zu können. Eine gute Alternative bietet da jedoch das Café Schnepperschütz am Hallertor. Bei schönem Wetter werden in der ehemaligen Toilettenanlage in der alten Sandsteinmauer leckere Stullen aus französischem La-miche-Brot von Bäcker Arnd Erbl zubereitet. Zusammen mit einem Kaffee, einem guten Glas Wein oder einer regionalen Bierspezialität lassen sich die leckeren Stullen im Außenbereich mit einem herrlichen Blick ins Grüne und auf die Pegnitz genießen. Sehr zu empfehlen ist die Stulle mit Serranoschinken, mariniertem Honigmelonentatar, Rucola und Manchegokäse. Auch Veganer kommen voll auf ihre Kosten, und mit einem guten Buch kann man hier schon mal bis in den Abend hinein sitzen und einfach die Zeit vergessen.

**FAZIT: GRÜNER STADTSPAZIERGANG INS UNBEKANNTE UND DANN GANZ IN RUHE KAFFEE UND LECKERE STULLEN GENIEßEN.**

10

# DIE PER-SPEKTIVE WECHSELN

## … auf dem Nürnberger Astronomieweg

**#12**

*Kopf hoch und Nürnberg mal aus einem anderen Blickwinkel kennenlernen. Der Nürnberger Astronomieweg führt vorbei an wohlbekannten Sehenswürdigkeiten und Lieblingsorten, und dennoch entdeckt man diese hier von ganz neuen Seiten.*

#KopfhochAugenauf #Sternegucken #CafeWanderer #dieErdeistrund

Los geht's am Rathenauplatz, wo heute nur noch eine Gedenktafel an das erste Nürnberger Planetarium erinnert. Es wurde 1934 auf Anweisung von NSDAP-Gauleiter Julius Streicher abgerissen, da es angeblich Ähnlichkeit mit einer Synagoge hatte.

Vorbei am Laufer Schlagturm, wo einst einer der Türmer Nürnbergs saß und die Zeit anschlug, geht es Richtung Egidienplatz. Hier befindet sich das Denkmal von Martin Behaim, dem Auftraggeber des Erdapfels – des ältesten noch erhaltenen Erdglobus, der heute im

Täglich um Punkt 12 Uhr mittags findet das »Männleinlaufen« an der Frauenkirche auf dem Hauptmarkt statt. Im Inneren des prächtigen Gebäudes trifft irdisches Gold auf kirchliche Pracht – ein kurzer Abstecher in die Frauenkirche lohnt sich!

Germanischen Nationalmuseum steht. Gleich daneben fällt das Auge auf 100 Kilo Rhinozeros. Das schlafende Nashorn der Künstlerin Dorota Hadrian hat zwar gar nichts mit Astronomie zu tun, schicker als die Glascontainer, die hier zuvor standen, ist es dennoch.

Über den Paniersplatz führt der Weg durch die engen Kopfsteinpflastergassen hinauf auf die Vestnertorbastei. Hier stand früher die Eimmart-Sternwarte, die erste Nürnberger Sternwarte. Die Himmelsbeobachtung wurde längst eingestellt. Heute erinnern nur noch ein Denkmal und eine Ausstellung auf der Burg daran. Alleine für den Ausblick von der Bastei lohnt der Abstecher aber, und inmitten des Rosenmeeres lässt es sich auf einer Parkbank herrlich entspannen, bevor man den Weg Richtung Dürer, wie der Platz vor dem Albrecht-Dürer-Haus von den Einheimischen genannt wird, fortsetzt. Im Café Wanderer genießt man das Treiben auf Nürnbergs bekanntestem und beliebtestem Platz. Dennoch sollte man einmal den Kopf heben und einen Blick zum Südgiebel des Dürer-Hauses werfen. Dort entwickelte der Maler und Mathematiker die ersten gedruckten Sternkarten.

Ein Abstecher lohnt anschließend in den Kunstbunker. Hier wurden während des 2. Weltkriegs sämtliche Nürnberger Kunstschätze aufbewahrt und vor den Bombenangriffen geschützt. Der Behaim-Globus überlebte hier unbeschadet den Krieg.

Vorbei an Fembohaus und Sebalduskirche geht es zum Hauptmarkt, der früher von den wichtigsten Astronomen der Stadt bewohnt wurde. In dessen Mittelpunkt befindet sich der Schöne Brunnen mit den Figuren, welche die verschiedenen Unterrichtsfächer der mittelalterlichen Schule darstellen – Ptolemäus vertritt etwa die Astronomie. Danach den Blick hoch zur Sonnenuhr am Männleinlaufen an der Frauenkirche richten. Die bekannteste und älteste Sonnenuhr der Stadt findet man anschließend einige Schritte weiter an der Lorenzkirche.

Vom Weißen Turm, auf dem ebenfalls einmal ein Nürnberger Türmer saß, ist es nicht mehr weit zum Ziel: dem Nicolaus-Copernicus-Planetarium, in dem sich heute der alte Projektor aus dem allerersten Planetarium, das am Rathenauplatz lag, befindet. Wer Lust hat, unternimmt zum Abschluss eine spannende Planetentour mit dem Raumkreuzer (www.planetarium-nuernberg.de).

**FAZIT: ALTBEWÄHRTES NEU ENTDECKEN – EIN KURZWEILIGER STADTSPAZIERGANG UND DABEI NOCH ETWAS ÜBER ASTRONOMIE LERNEN.**

Hin & weg: Zum Ausgangspunkt am Rathenauplatz gelangt man mit der U2 und U3, der Straßenbahnlinie 8 und dem Bus 36.

Dauer & Strecke: 3 Stunden und knapp 6 Kilometer.

Beste Zeit: Ganzjährig möglich.

Ausrüstung: Kamera, Broschüre und kostenloser Audioguide (www.astronomieweg-nuernberg.de).

# ALLES SUP-ER

... auf der Rednitz

## #13

*Von Tahiti und Hawaii ist der Trendsport Stand-Up-Paddling mittlerweile über den Atlantik auch bis nach Nürnberg geschwappt. Zwar gibt es hier keine Wellen, doch auf der Rednitz lässt es sich herrlich entspannt paddeln – in unberührter Natur.*

#SommertagamFluss #TahitiinFranken #Entspannungpur #Stehpaddeln

Immer wieder zu unbekannten neuen Ufern aufbrechen: Auf die Boards, fertig, los!

Neu ist Stehpaddeln oder Stand-Up-Paddling nun nicht. Schon polynesische Fischer bewegten sich in ihren Kanus stehend und paddelnd auf dem Meer fort. In Asien sind noch heute Ein-Mann-Bambusflöße im Einsatz, die im Stehen gepaddelt werden. Auch hawaiianische Surflehrer nutzen schon lange Paddel, um auf ihren Surfboards vom Strand über die wellenbrechenden Riffe zu gelangen und dabei einen Überblick über ihre Surfschüler zu behalten. Wellen gibt es auf der Rednitz zwar nicht, nur eine teilweise stärkere Strömung, dennoch hat es Stand-Up-Paddling mittlerweile bis nach Franken geschafft.

Kann man einen heißen Sommertag schöner verbringen als auf dem Wasser? Wohl kaum, oder? Ins Schwimmbad gehen oder an den See fahren, das kann jeder. Herrlich relaxen und sich dabei gleichzeitig noch sportlich betätigen kann man aber ebenso beim SUP, und schwer zu erlernen ist es auch nicht.

Bei den Boardnerds kommen sowohl Anfänger als auch Könner voll auf ihre Kosten. Wer schon mal auf dem SUP-Board stand, leiht sich einfach das passende Equipment und paddelt entspannt drauflos oder macht eine Flusstour mit einem der erfahrenen Guides.

Für Anfänger empfiehlt sich zunächst ein zweistündiger Kurs, in dem man die wichtigsten Manöver lernt: trockenen Fußes auf das Board kommen, aufhocken, dann aufrichten und langsam die ersten Paddelschläge machen, abwechselnd rechts und links. Das Paddel immer von vorne bis zu den Füßen durchziehen. Schnell lernt man, wie man das Wackeln abfängt, und kann dann ganz entspannt die Rednitz hinunterpaddeln und genießen.

Nun sind einzig und allein die Geräusche des Paddels zu hören. Fast lautlos gleitet man auf dem Board durch das von dichtem Grün überwucherte Rednitztal. Manch einer spricht hier gar vom »Little Amazonas«. Libellen schwirren einem um die Nase, auch Fische erblickt man hin und wieder, und sperrt man die Ohren auf, kann man den seltenen Vögeln lauschen, die hier beheimatet sind. Einfach idyllisch. Kaum zu glauben, dass man sich noch immer mitten in der Stadt befindet.

Nach dem Ride auf dem Wasser lässt es sich am malerischen Flussstrand mit der ganzen

---

Hin & weg: Von Nürnberg mit der U-Bahn Linie U2 nach Röthenbach und von dort mit dem Bus Linie 61 bis Nürnberg-Mühlhof.

Dauer: 2–3 Stunden oder ein ganzer Nachmittag.

Beste Zeit: Von Mitte Mai bis Mitte September.

Ausrüstung: Badesachen und Sonnenschutz nicht vergessen. SUP-Boards und Paddel können bei den Boardnerds by Post SV Nürnberg (www.boardnerds.de) ausgeliehen werden.

---

Nach einem entspannten, ruhigen Nachmittag auf dem Wasser lässt man den Tag in geselliger Runde am Flussstrand ausklingen.

Familie wunderbar in der Sonne entspannen. Die Großen fläzen mit einem leckeren Kaltgetränk in der Hand im Liegestuhl, die Kleinen planschen fröhlich am Fluss oder sind bei einer spannenden Partie Kicker aktiv. Die Fellnase darf ebenfalls mitkommen und zur Abkühlung auch mal in die erfrischende Rednitz springen.

Herrlich in den Sonntag starten lässt es sich beim SUP-Yoga. Asanas an der frischen Luft in atemberaubender Naturkulisse praktizieren – da kann man schon mal alles um sich herum vergessen.

**FAZIT: STEHPADDELN MITTEN IN DER STADT UND DOCH IN DER NATUR. WASSER, SONNE, ENTSCHLEUNIGUNG UND SPORTLICH AKTIV SEIN, WAS WILL MAN MEHR?**

# HIP, HIPPER, GOHO

## ... Stadtspaziergang durch Gostenhof

# #14

*Einst wurde Gostenhof als Nürnberger Bronx, Klein-Kreuzberg, Gostanbul oder Glasscherbenviertel bezeichnet. Diese Zeiten sind vorbei. Heute ist GoHo DAS Szeneviertel. Warum nicht mal einen Spaziergang durch Nürnbergs buntesten Stadtteil machen?*



#Szeneviertel #Inspirationpur #StreetArt #GoHoistbunt

1280 wurde Gostenhof erstmals urkundlich erwähnt. Später entwickelte es sich zu einem Ort der Gastlichkeit und ist es bis heute geblieben. Herbergen und Gasthöfe nahmen Händler und Reisende auf, welche Nürnberg nachts, wenn die Stadttore schlossen, verlassen mussten. Aufgrund der verkehrsgünstigen Lage wurde das Dorf im 19. Jahrhundert zu einem Zentrum der Industrialisierung. Der wirtschaftliche Erfolg brachte jedoch auch Nachteile. In gerade einmal 40 Jahren verzwanzigfachte sich die Bevölkerung in Gostenhof, und der Wohnraum wurde knapp. Schnell wurde neu gebaut, doch waren es einfache kleine Wohnungen ohne Bäder.

Gostenhof war einer der wenigen Nürnberger Stadtteile, der während des Zweiten Weltkriegs kaum zerstört wurde. Somit wurden nach dem Krieg auch nur wenige Wohnhäuser saniert, sodass sie auch in den 1950er-Jahren noch immer keinerlei sanitäre Anlagen besaßen. Die Wohnverhältnisse waren prekär. Wer konnte, zog weg. In der Folge siedelten sich dort »Gastarbeiter« aus aller Welt an. In den 1970er-Jahren kamen politische Aktivis-

Street-Art macht eine Stadt lebendig, sie macht eine Stadt bunt, und sie erzählt Geschichten. Genauso ist es auch in Gostenhof, wo es Straßenkunst vom Feinsten gibt.

ten hinzu. Mittlerweile besitzen die Wohnungen Badezimmer. Doch das teilweise erst seit den Achtzigern, als GoHo kernsaniert wurde. Heute leben hier alteingesessene Nürnberger Tür an Tür mit türkischen, griechischen, asiatischen und afrikanischen Familien. Landesspezifische Lebensmittelläden und Restaurants prägen das Viertel, aber auch Studentenkneipen, urige Läden mit skurriler und fremdländischer Ware und Secondhandläden. So mancher Hinterhof besitzt noch heute den Charme vergangener Zeiten, dem man sich kaum entziehen kann.

Einen Spaziergang durch GoHo beginnt man am besten im Café Mainheim (www.cafemainheim.de) mit Kaffee und einem köstlichen Stück Kuchen. In der Hessestraße lohnt ein Abstecher auf den Spielplatz, die Häuser rund um den Platz zieren zahlreiche Graffitis. Auch in der Spenglerstraße und am Jamnitzerplatz prägt Street-Art das Stadtbild. Futuristisch mutet das Bild am Rückgebäude des MuZ-Club an – Raumschiffe schweben über Affen und einem Rapper.

Der Veit-Stoß-Platz ist die Lebensader von Gostenhof: Hier finden Wochen- und Weihnachtsmarkt und die Kärwa statt. Im Sommer trifft man sich im Laguz, dem einstigen Toilettenhäuschen des Bahnwärters der Ludwigseisenbahn, auf eine hausgemachte Limo und Burger. Gleich um die Ecke, in der Regenzeit, genießt man in Sesseln aus den 1950er-Jahren authentisches Streetfood aus Thailand.

Anschließend führt der Weg durch die Saldorferstraße mit ihren zauberhaften Grün-

derzeithäusern. Vorbei an hübschen kleinen Boutiquen, dem alteingesessenen Metzger, Bioläden und einer Kaffeerösterei geht es in den Rosenaupark – ein Idyll, das wohl kaum einer neben dem Nürnberger Plärrer, der Hauptverkehrsachse der Stadt, vermutet. Hinsetzen, entspannen und einfach die herrliche Ruhe genießen.

**FAZIT: STADTSPAZIERGANG MAL ANDERS – EINE BUNTE REISE DURCH DIE STADT UND DIE WELT. MAL HIP, MAL ALTERNATIV UND AUCH EIN BISSCHEN POLITISCH!**

**Hin & weg:** Mit dem Rad oder zu Fuß; mit Bus oder U-Bahn bis zum Plärrer.

**Dauer & Strecke:** 1 Stunde und rund 3 km zu Fuß; mit Shopping und Pausen nach oben offen.

**Beste Zeit:** Zu jeder Jahreszeit schön.

**Ausrüstung:** Einfach loslaufen.

# OPEN-AIR-GALERIE

... auf dem Kunstweg Rednitzhembach

**#15**

*Es muss nicht immer ein Museumsbesuch sein. Warum Kunstwerke nicht einfach mal in der Natur betrachten? Genau das kann man am Kunstweg Rednitzhembach – einer großen Open-Air-Galerie im wunderschönen Rednitztal.*

 #undesgibtdochMonsterschafe #Kunstmussnichtlangweiligsein #spannendeWegbegleiter

Seien wir mal ehrlich: Der Besuch einer Kunstgalerie oder eines Museums kann bisweilen recht langweilig sein. Wenn man Kunstwerke aber beim Wandern durch eine beschauliche Landschaft betrachten kann, sieht das wieder anders aus. Der Wanderweg Rednitzhembach existiert bereits seit vielen Jahren. Er verbindet Natureindrücke mit künstlerischen Elementen und gibt Besuchern die Möglichkeit, Kunstwerke zu betrachten, über sie zu reden, sie schön oder eben auch nicht schön zu finden, ohne dafür einen Museumseintritt zahlen zu müssen.

Vom Industriegebiet Rednitzhembach führt der Weg zunächst zum bunten Trafohäuschen an der Walpersdorfer Straße. Unterwegs kreuzen eine Herde »Monsterschafe« den Weg, welche

Einst war hier das Jurameer – heute zieht der Fisch seine Bahnen durch den Wald.

die graue Betonmauer an der Straße zum Leben erwecken. Doch so monstermäßig sind die Schafe eigentlich gar nicht, im Gegenteil: Die Wandinstallation von Patrick Preller zaubert wohl jedem Betrachter ein Lächeln ins Gesicht.

Der Weg führt nun weiter Richtung Wiesengrund, an einem Bach befindet sich das nächste Kunstwerk: die Lichtvier, Kunst wie aus einem Science-Fiction-Film. Am Spielplatz dann der Tausendfüßler: Anfassen und darauf herumklettern erwünscht. Rechts flankiert der Wald nun den Pfad, links auf den Magerwiesen die Kunstwerke, wie die Welle und der Wasserträger. Die Sonnenuhr geht im Sommer aufgrund der Zeitumstellung eine Stunde nach.

Der Beschilderung folgend, geht es nun weiter durch den schattigen Kiefernwald, der übrigens eine Seltenheit ist in Deutschland. Die kargen Flugsanddünen der Region bieten Kiefern die perfekten Lebensbedingungen. Sonst gedeiht dort aber nicht viel – außer Flechten und Moosen, ein bisschen Ginster sowie einige Heidelbeer- und Preiselbeersträucher.

Dafür gedeiht im Wald die Kunst. Zum Beispiel das Eisenhaus mit dem Altar, der dem westafrikanischen Eisengott gewidmet ist. Etwas weiter dreht eine Läuferin ihre Runden auf einem Balken aus Holz, danach plötzlich ein überdimensionierter Fisch – der Waldfisch, der gleichzeitig so fehl am Platz wirkt und sich doch harmonisch einfügt.

Durch weitläufige Felder marschiert man anschließend zurück nach Rednitzhembach. Der Affenreiter steht erhaben auf seinem So-

Immer in Bewegung bleiben – wie die »Waldläuferin« Betti Schmidt, einstige Marathonweltmeisterin.

ckel und grüßt. Kurz vor der Bahnhofsunterführung der Klangvogel aus rostigem Stahlblech und Glasintarsien. Berühren ist auch hier ausdrücklich erlaubt: Mithilfe einer Farbcodierung kann man auf dem Klangspiel das Lied »Wenn ich ein Vöglein wär« nachspielen und für ein paar Minuten selbst frei wie ein Vogel sein.

**FAZIT: WANDERUNG MIT KUNSTGENUSS – MAN MUSS NICHT IMMER INS MUSEUM GEHEN. HIER LÄSST SICH KUNST AUCH EINFACH MAL IN DER NATUR BETRACHTEN.**

Hin & weg: Ab dem Nürnberger Hauptbahnhof in 22 Minuten mit der S-Bahn Linie 2 nach Rednitzhembach.

Dauer & Strecke: 2,5 Stunden und 7,5 km zu Fuß.

Beste Zeit: Ganzjährig möglich.

Ausrüstung: Fotoapparat, etwas Fantasie.

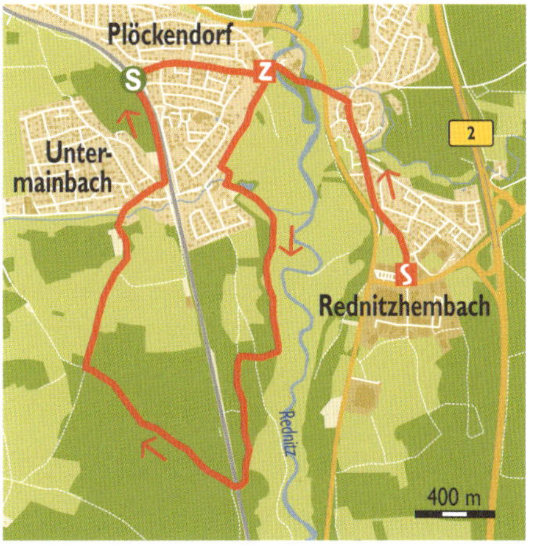

# SUMMER IN THE CITY

## ... im Volkspark Dutzendteich

**#16**

*Am Dutzendteich kommen an lauen Sommerabenden Inlineskater, Jogger, Fahrradfahrer, Familien mit Kindern und Liebespaare zusammen. Bei einem Picknick mit Freunden kann man den Sonnenuntergang und ein gutes Glas Wein in herrlicher Kulisse genießen.*

#PicknickmitSonnenuntergang #ZeitfürFreunde #derschönsteTümpelderStadt

Mit Freunden bei leckerem Essen am See entspannen – gibt es eigentlich etwas Schöneres?

Kaiser Ludwig der Bayer bescherte den Nürnbergern 1337 den Dutzendteich, indem er die Genehmigung erteilte, eine Weiheranlage auf Reichsboden zu schaffen. Durch das Aufstauen mehrerer Bäche entstand der Dutzendteich. Bereits im 17. Jahrhundert war er ein beliebtes Ausflugsziel. In Gondeln konnte man auf dem See herumschippern oder im Winter Schlittschuh laufen, und schon damals öffnete das erste Wirtshaus am Dutzendteich seine Pforten. Später wurde das Gelände von den Nationalsozialisten entdeckt. Direkt am See errichtete man das Reichsparteitagsgelände.

Diesen architektonischen Größenwahn ignorieren die Nürnberger heute gekonnt, längst haben sie ihren Volkspark zurückerobert. Wo einst politische Parolen hallten, finden heute Großveranstaltungen wie Rock im Park und die DTM statt. Gegen die Zeppelintribüne werden Tennisbälle geschlagen, im Serenadenhof lauscht man den Nürnberger Symphonikern, und in Teile der unvollendeten Kongresshalle ist das Dokumentationszentrum Reichsparteitagsgelände (museen.nuernberg.de/dokuzentrum) eingezogen.

Am See lässt man heute wie einst die Seele baumeln, mietet sich ein Tretboot, umrundet den See mit Inlineskates oder dem Fahrrad und genießt an heißen Tagen ein kühles Bier im Wirtshaus – der Volkspark Dutzendteich ist wie eh und je eines der beliebtesten Naherholungsziele eines jeden echten Nämberchers.

Ganze Tage, sogar Wochenenden kann man hier zubringen. Selten ist man alleine, doch ein lauschiges Eckchen lässt sich immer fin-

Das Kolosseum von Rom diente als Vorbild für die Kongresshalle am Dutzendteich.

den, um die Picknickdecke aufzuschlagen. Besonders romantisch ist das zum Sonnenuntergang. Wenn die letzten Sonnenstrahlen den See in Pastellfarben tauchen, schmecken mitgebrachte Köstlichkeiten einfach am besten, und bei dem einen oder anderen Glas Wein kann man den Feierabend hier entspannt mit Freunden ausklingen lassen.

**FAZIT: WAS GIBT ES SCHÖNERES, ALS DEN FEIERABEND MIT GUTEM ESSEN, EINEM GLAS WEIN UND FREUNDEN AM SEE ZU VERBRINGEN?**

Hin & weg: Ab Nürnberg einfach losradeln oder mit der Straßenbahnlinie 8 zum Dokuzentrum. Ab Fürth mit der U1, ab Erlangen mit der S1 nach Nürnberg.

Dauer: 2 Stunden.

Beste Zeit: Sommer.

Ausrüstung: Picknickkorb, Decke.

# SCHALOM. FÜRTH

… zu Fuß durch Fürths jüdische Geschichte

## #17

*Die Erde, auf der man in Fürth steht, wispert von Vergangenem. Sie erinnert an die Juden, die einst das Stadtbild prägten. Wer mehr über die jüdische Geschichte in Fürth erfahren möchte, kann sich mit dem Handy auf einen ungewöhnlichen Stadtspaziergang begeben.*



#FürtherGeschichten #einBlickindieVergangenheit #digitaleStadtführung

Ausgangspunkt ist ein Erinnerungsort: das Haus der Ewigkeit, wie der jüdische Friedhof auf Hebräisch heißt. Rund 20 000 Menschen wurden hier seit der ersten Beisetzung 1607 zur letzten Ruhe gebettet. Die Grabsteine aus Sandstein unter den Eschen, Ulmen und Birken kann man heute zwar nur bei einer Führung besichtigen, doch lohnt ein Blick durch das Tor – geradezu verwunschen wirkt dieser Platz.

Anschließend führt der Weg in die bezaubernde Schindelgasse, wo einst vorwiegend Handwerker und Juden lebten. In Haus Nummer 10 war die hebräische Buchdruckerei untergebracht, von der aus religiöse Schriften nach ganz Europa vertrieben wurden.

Durch die lebhafte Gustavstraße mit all ihren Cafés und Restaurants, die in hübschen Fachwerkhäusern untergebracht sind, geht es zum heute eher unscheinbaren Löwenplatz. Einzig das Synagogenmahnmal – es symbolisiert das ewige Licht in einer Synagoge – zeugt davon, dass dieser Ort das geistige Zentrum der Juden in Süddeutschland war. Hier befanden sich die erste Fürther Synagoge, eine Talmudschule sowie das rituelle Schlachthaus und die Gemeindeverwaltung.

Der Audioguide lotst nun in die Mohrengasse. Ein Abstecher in den Süßkramladen von Beate und Petra macht glücklich. Dort kann man ganz britisch den Afternoon Tea mit Scones, Clotted Cream und hausgemachter Himbeer-

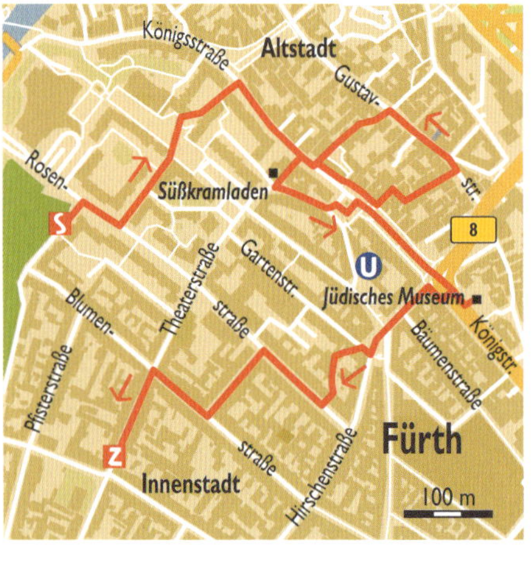


marmelade genießen. Satt und zufrieden geht es anschließend weiter zum Haus Nummer 2. Hier erblickte Leopold Ullstein, einer der berühmtesten Fürther, 1826 das Licht der Welt. Er gründete später in Berlin den bekannten Ullstein Verlag.

Sehenswert ist auch das Jüdische Museum, in dem das urbane Leben der Juden in der Kleeblattstadt im Mittelpunkt steht. Neun Meter unter Erdgeschossniveau findet man hier ein jüdisches Ritualbad, genannt Mikwe, und im Dachgeschoss eine Sukka, eine Laubhütte, in der jüdische Familien im Herbst für sieben Tage leben, um an die biblische Wanderschaft durch die Wüste zu erinnern.

Am Rathaus vorbei geht es nun zum Kohlenmarkt. Dort steht das ehemalige Kaufhaus Tietz mit großen Rundbogenfenstern und En-

Ein Hauch längst vergangener Zeiten weht durch die verwinkelte Schindelgasse, die sich im Herzen der idyllischen Fürther Altstadt befindet.

geln an der Fassade. Einst war es ein Erlebnis, hier einzukaufen, heute ist das Gebäude im Besitz einer lokalen Bank. Vieles hat sich geändert, doch noch immer dreht sich alles ums Geld. Die Hirschengasse war einst Heimat vieler jüdischer Ladengeschäfte. Hier kaufte man in der Bäckerei Oppenheimer seine Matzen – ungesäuertes Brot – und bei der Schächterei Fleischmann sein Fleisch.

Dem Audioguide folgt man nun in die Blumenstraße, wo ein Haus dem anderen gleicht, zumindest von außen. Hier gab es früher eine israelitische Bürgerschule. Ihr berühmtester Schüler: der spätere amerikanische Außenminister Henry Kissinger. Am Eckhaus in der Mathildenstraße, dem Geburtshaus des eben genannten Heinz Alfred Kissinger, endet der Spaziergang anschließend.

Hin & weg: Von Nürnberg mit der U-Bahn-Linie U1 bis Fürth Rathaus und dann rund 5 Minuten zu Fuß zum Jüdischen Friedhof in der Schlehenstraße. Von Erlangen mit der S1 zum Fürther Hauptbahnhof und anschließend rund 15 Minuten zu Fuß zum Friedhof.

Dauer & Strecke: 2–3 Stunden und etwa 2,5 km zu Fuß.

Beste Zeit: Das ganze Jahr über eine schöne Tour.

Ausrüstung: Kamera, kostenloser Audioguide (unter www.fuerth.tomis.mobi).

**FAZIT: KURZWEILIGER STADTSPAZIERGANG MIT GESCHICHTLICHER WISSENSERWEITERUNG UND DEN BESTEN SCONES AUßERHALB VON GROßBRITANNIEN.**

# GENIEẞEN MIT GEFÜHL

## … im Garten der Sinne in Zell

**#18**

*Kräuter für alle bewusst erlebbar machen: Der Garten der Sinne auf dem Gelände der Regens-Wagner-Stiftung in Zell schlägt eine Brücke zwischen Menschen mit und ohne Behinderung und vermittelt das Thema Kräuter über alle Sinne.*

#etwaszumNachdenken #KräuterlabyrinthohneSchranken #anfassenerlaubt

Das Anfassen ist ausdrücklich erwünscht: Die Pflanzen im Garten der Sinne sind nicht nur schön anzuschauen, sondern fühlen sich auch so an!

Bereits 1847 gründeten Johann Evangelist Wagner und Theresia Haselmayr die erste Einrichtung für Menschen mit Behinderung in Dillingen. Daraus hat sich das heutige Regens-Wagner-Werk entwickelt, zu dem auch die Einrichtung in Zell gehört. Menschen mit Behinderung haben hier die Möglichkeit, ein selbstbestimmtes Leben zu führen, zu arbeiten und ihre Freizeit nach eigenen Vorstellungen und Interessen zu gestalten. Bei Regens-Wagner gehen Menschen mit und ohne Behinderung ihren Lebensweg gemeinsam.

Auch der Garten der Sinne soll Brücken bauen und allen gleichermaßen jede Menge interessantes Wissen zum Thema Kräuter, Umwelt- und Naturbewusstsein vermitteln – und zwar mit allen Sinnen.

Labyrinthe üben eine ungeheure Faszination und Anziehungskraft aus, die Irrwege zwingen uns zur Langsamkeit und zur Entschleunigung. So gelingt das auch dem Kräuterlabyrinth ohne Schranken im Garten der Sinne. Gleichzeitig ermöglicht es ein intensives Wahrnehmen von ganz unterschiedlichen Kräuterarten. Ein breiter, rollstuhlgerechter Weg führt entlang der thematisch angeordneten Kräuterhochbeete bis zum Mittelpunkt des Labyrinths, wo sich neben einem Brunnen auch die eindrucksvolle Skulptur des Mainzer Bildhauers Reinhold Petermann befindet.

Herrlich duften Küchenkräuter und Kräuter für die Sinne um die Wette – manches davon fremd, manches wohlbekannt und vertraut. Riechen, Fühlen, Tasten und auch Schmecken ist hier ausdrücklich erlaubt, daher sind alle Pflanzen auf Augenhöhe und für Groß und Klein sowie Menschen mit und ohne Behinderung gut erreichbar. Auf kleinen Täfelchen werden dem Labyrinthbesucher die Kräuter mit ihren deutschen und botanischen Namen erklärt. Das Besondere: Die kleinen Tafeln informieren auch sehbehinderte Menschen, sie enthalten die Pflanzennamen zusätzlich in Brailleschrift.

Hat man das Labyrinth ausgiebig erkundet, lohnt ein Spaziergang durch den historischen Laubengang. Romantischer geht es kaum. Auch hier steht das Erleben mit den eigenen Sinnen im Vordergrund. Ein Summ- und Klangstein, der den Körper in Schwingung versetzt, wartet dort auf die Besucher.

Von der wildromantischen Seite zeigt sich der Laubengang aus Hainbuchen. Da kann man bei einem Spaziergang schon mal die Zeit vergessen.

**FAZIT: FÜR ALLE SINNE – FÜHLEN, RIECHEN, HÖREN, SCHMECKEN UND SEINEN EIGENEN KÖRPER WIEDER GANZ NEU WAHRNEHMEN!**

**Hin & weg:** Mit dem Auto über die A9 bis Ausfahrt Hilpoltstein und dann die Abzweigung Richtung Zell nehmen. Nach der Kirche rechts gibt es einen Parkplatz.

**Dauer:** 1 Stunde.

**Beste Zeit:** Der Garten ist ganzjährig rund um die Uhr geöffnet. Am schönsten ist er jedoch im Frühjahr, wenn die Kräuter ihren Duft entfalten. Hin und wieder werden auch Führungen mit einer Kräuterpädagogin angeboten. Mehr Infos gibt's unter www.regens-wagner-zell.de

**Ausrüstung:** Neugier.

# HALLO HERBST

## ... Wanderung zur Schwarzachklamm

# #19

*Warum nach Kanada reisen, um den Indian Summer zu erleben, wenn das Herbstglück doch direkt vor der Haustür liegt? In den leuchtendsten Farben zeigen sich im Herbst die Blätter der Bäume am Ufer des Ludwig-Main-Donau-Kanals und in der wildromantischen Schwarzachklamm.*



#TschüssSommer #Höhlenerkundungen #technischesMeisterwerk

Die malerische Schwarzachklamm zieht am Wochenende viele Spaziergänger an.

Man ist doch nie zu alt, um wild durch einen Laubhaufen zu rennen, oder? Dann auf nach Schwarzenbruck! Nirgends ist der fränkische Herbst schöner als am Ludwig-Main-Donau-Kanal, wo sich die bunten Herbstblätter der Bäume im Wasser spiegeln. Die Schwarzachklamm präsentiert sich jetzt noch wildromantischer als zu jeder anderen Jahreszeit.

Die Rundwanderung startet im Ortskern von Schwarzenbruck und führt dann immer am Ufer der Schwarzach entlang. Am Ortsrand kurz einen Blick nach oben werfen, da steht das hübsche Petz'sche Schloss. Eine Besichtigung ist nicht möglich, doch ein schönes Fotomotiv bietet es allemal. Am Faberwehr überquert man die Brücke über den Fluss und schlägt den Weg durch den Wald in Richtung Kanal ein. Im Volksmund wird er einfach »Alter Kanal« genannt.

Einst verband der Ludwig-Main-Donau-Kanal auf 172 Kilometern die Donau bei Kelheim mit dem Main in Bamberg. Er umfasste knapp 100 Brücken und 100 Schleusen, die nötig waren, um einen Höhenunterschied von 264 Metern

zu bewältigen. Man stellte die Schifffahrt jedoch ein, nachdem der Kanal im 2. Weltkrieg sehr starke Schäden davongetragen hatte. Nur zwischen Beilngries und Nürnberg ist er in seiner historischen Form weitestgehend erhalten geblieben.

Bei einem Spaziergang am Ludwig-Main-Donau-Kanal lässt sich der Herbstblues ganz schnell vergessen. All die Farben machen fröhlich.

Nun folgt man dem ruhigen Gewässer und passiert dabei zahlreiche Schleusen. Herrlich spiegeln sich hier die bunten Blätter im Wasser. Alle Herbstfarben sind vertreten – und die Nadelbäume sorgen für grüne Farbtupfer.

Nach 5 Kilometern erreicht man den Brückkanal. Dort überquert der Ludwig-Main-Donau-Kanal die Schwarzach auf einer 90 Meter langen Trogbrücke aus Sandsteinquadern, die bis heute als technisches Meisterwerk gilt. Bei schönem Wetter lädt hier die idyllische Waldschänke bis Ende September zu einer Verschnaufpause ein.

An der Waldschänke verlässt der Wanderweg dann auch den Kanal. Im Wald geht es über Treppenstufen hinab zur Schwarzach, die sich im Lauf der Zeit durch den Sandstein gegraben hat. Bergauf und wieder bergab verläuft der Weg die nächsten zwei Kilometer: Über Holzstege geht es am Fels entlang durch die Schwarzachklamm, vorbei an der sprudelnden

Was Kaiser Karl im 8. Jahrhundert mit der Fossa Carolina nicht gelang, schuf Ludwig I. von Bayern im 19. Jahrhundert. Er ließ mit einem Kanal Main und Donau verbinden.

Felsquelle auf der Karlshöhe und weiter durch dichten Wald. Moose und Farne präsentieren hier ihr grünes Farbenspiel. Über Treppen steigt man anschließend hinauf zum tosenden Flusskraftwerk Gsteinach und gleich danach wieder die Treppen hinab in die Schlucht.

Durch ein Loch im Sandstein betritt man die Gustav-Adolf-Höhle. Hier soll der berühmte Schwedenkönig nach einem Gefecht im Dreißigjährigen Krieg angeblich der Predigt eines Nürnberger Pfarrers beigewohnt haben. Bei herbstlicher Nachmittagssonne sieht man das Wasser der Schwarzach an der Decke der Höhle funkeln und glitzern. Ein Lichtspiel zum Träumen.

Vorbei an bizarren Felsformationen und über zahlreiche Brücken führt der Pfad anschließend zurück nach Schwarzenbruck und wieder zum Ausgangspunkt.

Hin & weg: Ab dem Nürnberger Hauptbahnhof mit der S3 zum Bahnhof Ochenbruck. Von dort in rund 10 Minuten zu Fuß zum Ausgangspunkt im Ortskern von Schwarzenbruck.

Dauer & Strecke: 3 Stunden und ca. 9 km zu Fuß.

Beste Zeit: Ganzjährig möglich, aber am schönsten im Herbst, wenn die bunten Blätter sich im Wasser spiegeln.

Ausrüstung: Kamera, Wanderschuhe.

**FAZIT: WILDROMANTISCHE WANDERTOUR DURCH EINES DER SCHÖNSTEN GEOTOPE BAYERNS. BESONDERS SPEKTAKULÄR AN SCHÖNEN HERBSTTAGEN – INDIAN SUMMER IN FRANKEN!**

# EXOTISCHE BLÜTEN-TRÄUME

... in Erlangens Gärten

## #20

*Der eine beheimatet Pflanzenarten aus aller Welt und entführt Besucher in Bergregenwälder und Mangrovensümpfe, im anderen wachsen ausschließlich wohlduftende Gewächse. Zwei so unterschiedliche, doch herrliche Gärten in Erlangen, die für eine Weile den Alltagsstress vergessen lassen.*

#botanischerHochgenuss #esduftetsoherrlich #AbstecherindieTropen

Rund 100 verschiedene Pflanzen verströmen im Aromagarten in Erlangen ihren betörenden Duft. Eine wahre Geruchsexplosion!

Die Geschichte des Botanischen Gartens in Erlangen reicht weit zurück. Anfang des 17. Jahrhunderts wurde in Altdorf ein medizinisch-akademischer Garten für die neu gegründete Universität der Stadt Nürnberg eingerichtet – der Hortus Medicus. Nach der Auflösung des Gartens gingen viele seiner Pflanzen direkt an den Botanischen Garten in Erlangen über, später zogen sie erneut um, und zwar in die heutige Gartenanlage im Erlanger Schlossgarten.

Der Botanische Garten ist zwar einer der kleinsten Gärten Deutschlands, aber ein sehr facettenreicher. Auf einer botanischen Weltreise geht es über verschlungene Wege von der arktischen Tundra durch die Steppe und von dort direkt in die Gewächshäuser mit Mangrovensumpf, Hochgebirgs- und Wüstenpflanzen und tropischem Regenwald. Unter riesigen Palmen, Feigenbäumen und Lianen lässt es sich herrlich lustwandeln. Für musikalische Untermalung sorgen Frösche, die in

Sowohl in den Gewächshäusern als auch außerhalb wurden botanische Kostbarkeiten angepflanzt, die alle Sinne ansprechen.

den Trichtern der Bromelien sitzen. Im Winter bekommt man im Palmenhaus glatt das Gefühl, im Urlaub zu sein, und kommt schon mal ins Schwitzen.

Der Fernöstliche Garten mit Strauchpfingstrosen, Hortensien und Taglilien ist ein zauberhafter Ort, um zu verweilen und für kurze Zeit die Alltagssorgen zu vergessen. Die tropischen Seerosen und Lotusblumen im Teich vor dem Gewächshaus sind ein wahrer Augenschmaus. Ob Frühling, Sommer, Herbst oder Winter, der Besucher erhält zu jeder Jahreszeit bezaubernde Einblicke in die Artenvielfalt der Welt.

Spazierengehen und dabei etwas lernen kann man auch im Aromagarten im Tal der Schwabach. Auf dem ehemaligen Gemüseland entstand einst mithilfe von Gewürzfirmen und der Stadt Erlangen der Aromagarten. Heute wird dieser von der Universität getragen und ist nicht nur bei Patienten der umliegenden Kliniken beliebt. Herrlich duftet es, sobald man den Garten betritt. Kein Wunder, stehen hier doch Duftpflanzen im Mittelpunkt, die auch in der Kosmetik- und Lebensmittelherstellung Verwendung finden. Kleine Täfelchen bieten Informationen zu den einzelnen Pflanzen, doch am besten: einfach flanieren und tief einatmen, um all diese betörenden Düfte aufzusaugen.

**Hin & weg:** Von Nürnberg und Fürth mit der S1 zum Erlanger Hauptbahnhof und dann knapp 5 Minuten zu Fuß zum Botanischen Garten. Zum Aromagarten läuft man vom Botanischen Garten rund 10 Minuten.

**Dauer:** Jeweils 1–2 Stunden.

**Beste Zeit:** Der Botanische Garten ist das ganze Jahr über geöffnet. Der Aromagarten schließt im Winter seine Tore. Öffnungszeiten unter www.botanischer-garten.uni-erlangen.de

**Ausrüstung:** Zeit und Muße.

**FAZIT: BEI EINEM ENTSPANNTEN STADTSPAZIERGANG DUFTIGE BLÜTENTRÄUME ERLEBEN UND DABEI WISSENSWERTES ÜBER PFLANZEN UND KRÄUTER LERNEN.**

# 2. KAPITEL AUSFLÜGE

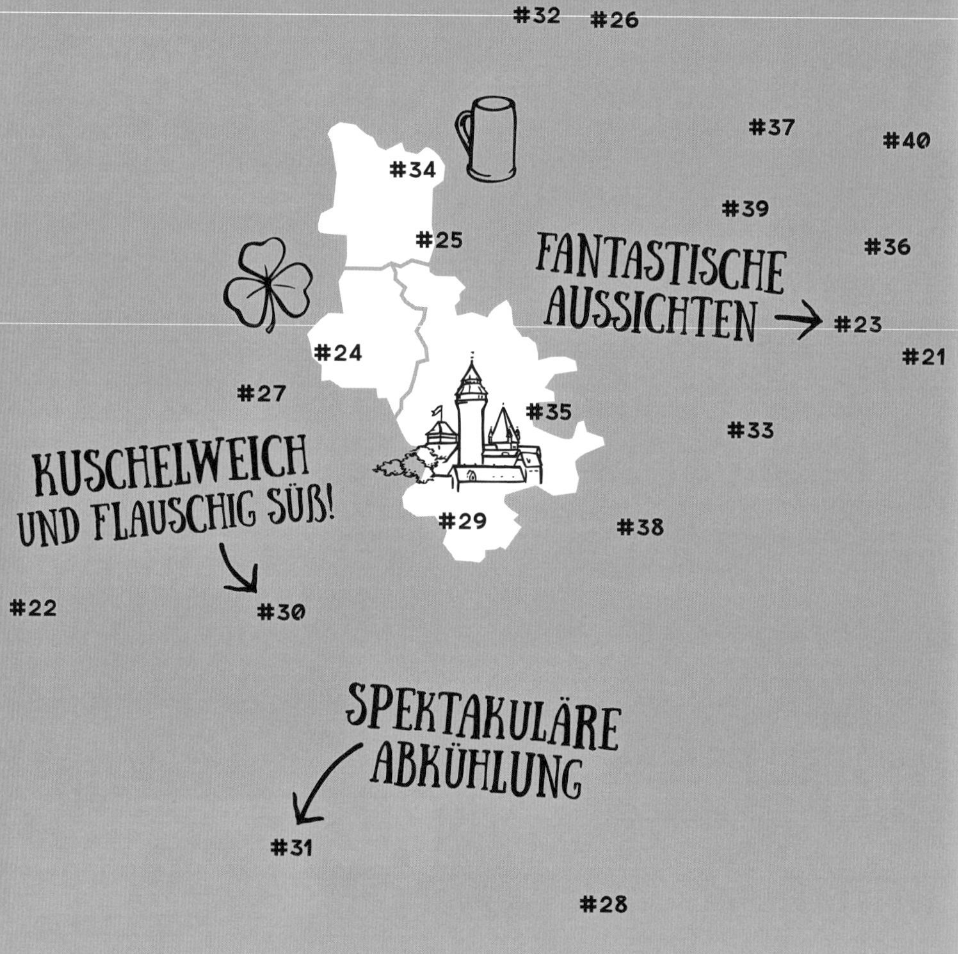

## Raus für einen Tag

*Hinaus ins Grüne und hinein in die schönsten Ecken. Ob zu Fuß, auf dem Rad oder dem Snowboard – für jede Laune und jedes Wetter ist etwas dabei.*

**12H**

# DIE FEEN BESUCHEN

… rund um Lichtenegg

## #21

*Das Topmodel unter den Blumen – der gelbe Frauenschuh – lockt von Mitte Mai bis Mitte Juni in die Hersbrucker Schweiz. Entdecken kann man die wilde Orchideenart bei einer Wanderung rund um Lichtenegg. Aber Achtung: Im Wald gibt es Feen und Kobolde!*

#undKoboldegibtesdoch #TopmodelundMauerblümchen #Märchenwald

Bereits in der Steinzeit war die Anhöhe bewohnt, wie Funde beweisen. Die erste Burg wurde wohl etwa um 1200 errichtet.

Ein nettes fränkisches Dorf ist Lichtenegg immer, doch in der zweiten Maihälfte verwandelt sich der kleine Ort in der Hersbrucker Schweiz in etwas ganz Besonderes. In dieser Zeit blüht rund um die Gemeinde der streng geschützte Frauenschuh, eine wilde Orchideenart. Bei einer Wanderung gibt es noch mehr zu entdecken: Zarte Pflänzchen treffen auf harte Felsen, und die Kobolde sind auch nicht fern.

Vom Wanderparkplatz unterhalb der Burgruine Lichtenegg führt der Zauberwald-Orchideenweg zunächst an Feldern vorbei, dann über einen wurzeligen Pfad ziemlich steil bergauf. Ein paar hundert Meter, dann wird es flacher, und man kann sich wieder darauf konzentrieren, nach Orchideen und anderen seltenen Blumen Ausschau zu halten.

Kurze Zeit später erscheinen der Emilfelsen und andere bizarre Felstürme und Kalksteinfelsen, die so typisch für die Frankenalb sind. Die Felsen lassen ein wenig erahnen, dass

Der Türkenfelsen ist eine etwa 10 Meter hohe Felswand. Sie erfreut sich großer Beliebtheit bei kletterfreudigen Familien.

hier vor Millionen Jahren einmal Meeresgrund war. Gleich danach folgt dann das Objekt der Begierde: eine strahlend gelbe Blüte am Wegrand – der Frauenschuh. Ein zweiter Blick, und die ganze Waldlichtung ist voll davon. Rund 20 weitere Orchideenarten, wie die Kuckucksblume oder das Knabenkraut, Küchenschellen, Berganemonen, Schlüsselblumen und andere seltene Pflanzen wachsen ebenfalls zwischen moosbedeckten Felsen und auf den Lichtungen. Doch sie fristen eher ein Mauerblümchendasein, ist der Frauenschuh doch das Topmodel unter den Blumen.

Nun die Augen zurück auf den Weg lenken, denn der Sage nach hat so mancher Wanderer im Zauberwald schon die Kobolde zu spüren bekommen und ist urplötzlich über einen Baumstumpf gestolpert, der sich kurz vorher garantiert nicht dort befand. Märchenwesen hin oder her, unzählige Wurzeln können hier tatsächlich zur Stolperfalle werden, und es empfiehlt sich, auf den Weg zu achten.

Am Ende des Hochplateaus erreicht man den Türkenfelsen, einen massiven Felsblock, der vor allem bei Kletterfans für Begeisterung sorgt. Anschließend führt der Weg steil bergab und über den kleinen Weiler Ammersried zurück nach Lichtenegg. Beim Alten Schloss-Wirt kann man die Waden entspannen und ein kühles Bier genießen, bevor man über die Treppe im Biergarten zur Burgruine Lichtenegg hinaufsteigt. Bei klarem Wetter lässt es sich dort über die Hersbrucker Schweiz bis ins Fichtelgebirge und den Bayerischen Wald blicken.

---

**Hin & weg:** Mit dem Auto zum Wanderparkplatz Lichtenegg.

**Dauer & Strecke:** 4 Stunden und 5 km zu Fuß.

**Beste Zeit:** Besonders schön Mitte Mai bis Mitte Juni zur Blüte des Frauenschuhs.

**Ausrüstung:** Fotoapparat, Pflanzenbestimmungsbuch, feste Bergschuhe, da die Wege häufig matschig sind.

---

**FAZIT: EINE MÄRCHENHAFTE WANDERUNG FÜR BLUMENFANS – GANZ OHNE ANGST VOR FEEN UND KOBOLDEN!**

# KASPARS SPUREN

… im historischen Ansbach

## #22

*Dass auch Ansbach zur Metropolregion Nürnberg gehört, wird häufig vergessen. Hier geht die fränkische Geschichte eine wundervolle Symbiose mit der Moderne ein. Am besten erkundet man die Perle des Rokoko bei einem Stadtrundgang auf den Spuren Kaspar Hausers.*

#KasparHauser #imZeichendesRokoko #CupcakeLiebe #Rätselungelöst

»Hier liegt Kaspar Hauser, Rätsel seiner Zeit, unbekannt die Herkunft, geheimnisvoll der Tod 1833«, steht auf dem Grabstein von Kaspar Hauser. Wie wahr, denn bis heute gibt der Findling, der einst wie aus dem Nichts auftauchte, Rätsel auf.

Bekannt ist, dass der vermutlich geistig zurückgebliebene Junge um die sechzehn Jahre alt war, als er in Nürnberg ankam. In der fränkischen Metropole fand er sein Glück nicht. Schließlich übernahm der Dauerreisende Earl Stanhope die Pflegschaft für den Jungen und brachte ihn nach Ansbach. Dort lebte er im Haushalt des Lehrers Meyer und verkehrte in den besten Kreisen. Durch den angeblichen Angriff eines Unbekannten im Hofgarten erlitt Hauser lebensgefährliche Stichverletzungen und starb am 17. Dezember 1833.

Auf einem Rundgang mit Broschüre oder Audioguide lässt sich das Rätsel um Kaspar Hauser zwar auch heute nicht lösen, doch man lernt dabei mehr über seine Geschichte und erkundet nebenbei die Sehenswürdigkeiten der Stadt.

Der Spaziergang beginnt am Markgrafenmuseum, welches das Leben und das Schicksal der historischen Figur erläutert. Ein perfekter Einstieg, bevor man sich dann in Richtung Platenstraße mit dem Kaspar-Hauser-Denkmal begibt. In der Nähe befindet sich das Restaurant Kaspar Hauser (www.restaurant-kaspar-hauser.de), das zu Mittag mit köstlichen veganen und vegetarischen Gerichten verwöhnt.

Ums Eck in der Pfarrstraße gibt es zunächst ein Bilderfries, das die verschiedenen Lebensphasen von Hauser zeigt, zu entdecken, gefolgt von einer ovalen Steintafel an dem Haus, in dem er lebte und starb. Rechts am Monteglasplatz findet sich das jüngste Denkmal: die Skulptur »Der sitzende Kaspar Hauser, der einen Baum umschlingt« des spanischen Künstlers Jaume Plensa. Der Körper ist überzogen mit Worten, die alle einen Bezug zum menschlichen Körper haben. Es soll den stetigen Wandel vor Augen führen.

Der Pfarrstraße weiter folgend, erreicht man die ehemalige markgräfliche Kanzlei und die Kirche St. Gumbertus. In der Kanzlei war Hauser einst als Schreiber beschäftigt, noch heute zählt sie zu den schönsten Gebäuden der Stadt. Auch die Kirche, in der er konfirmiert wurde, lohnt einen Besuch. Sie ist Heimat der größten Barockorgel im fränkischen Raum. Bevor man den Stadtspaziergang durch den Hofgarten fortsetzt, empfiehlt sich ein Stopp in Danys Cupcakery (www.danys-cupcakery.de). Die Mandel-Himbeer-Cupcakes sind ein Gedicht.

Im Hofgarten befindet sich an der Stelle des Attentats ein Gedenkstein. Ansonsten ist Lustwandeln angesagt. Man kann sich ausmalen, wie die Fürsten der Rokokozeit den Garten

Bis heute wurde das Rätsel Kaspar Hausers nicht geklärt, so steht die Inschrift auf seinem Grabstein am Friedhof Heilig Kreuz in Ansbach weiter zu Recht.

durchschritten, um ein Konzert in der Orangerie zu besuchen.

Nach einem Blick auf die Residenz lohnt der Besuch des außerhalb gelegenen Stadtfriedhofs, wo Kaspar Hauser 1833 beerdigt wurde.

---

Hin & weg: Von Nürnberg und Fürth zunächst zum Nürnberger Hauptbahnhof. Von dort mit der S4 nach Ansbach. Fußweg über die Karlstraße durch die Innenstadt zum Markgrafenmuseum (ca. 12 Min.).

Dauer & Strecke: 4 Stunden und 4 km zu Fuß.

Beste Zeit: Ganzjährig möglich, aber am schönsten im Frühjahr und Frühsommer, wenn die Blumen im Hofgarten blühen.

Ausrüstung: Broschüre Kaspar-Hauser-Rundgang (www.ansbach.de bietet Download an) oder Audioguide (kann im Markgrafenmuseum für 6 Euro pro Tag ausgeliehen werden).

---

**FAZIT: BLUMIGER STADTSPAZIERGANG AUF DEN GESCHICHTSTRÄCHTIGEN SPUREN VON KASPAR HAUSER.**

# AUF DEN SPUREN DER KELTEN

… rund um Pommelsbrunn

**#23**

*Nach einem langen Winter die Batterien aufladen und wieder Kraft tanken? Auf geht's nach Pommelsbrunn! Die Sehnsucht nach Sonne und Farbe lässt sich bei einer Frühlingswanderung zur Kapellenruine Zum Heiligen Baum stillen. Ein Weg, der einem mehr Energie gibt, als er abverlangt.*

#Energiebooster #atemberaubendeAusblicke #Krafttanken

Seit vielen Jahrhunderten ist die Ruinenkapelle Arzlohe ein Ort, an dem Menschen die Kraft des Glaubens in der Ruhe suchen und noch immer finden.

Ausgangspunkt der Wanderung ist der Bahnhof in Pommelsbrunn. Immer dem 1000-Höhenmeter-Rundwanderweg folgend, führt der Weg an der Weidenmühle vorbei, dann steil ansteigend zur Mühlkoppe. Die alte Höhenburg bietet einen traumhaften Ausblick über Pommelsbrunn und Hersbruck bis nach Hohenstadt. Höhenangst darf man nicht haben, wenn man den Panoramablick genießen will.

Bergab und erneut bergauf führt der Weg durch den Wald auf den Hochberg. Von oben genießt man traumhafte Ausblicke, bevor die »fränkische Akropolis« – eine frühzeitliche keltische Höhensiedlung – auf dem archäologischen Rundweg erkundet wird. Auf fünf Tafeln erfährt man mehr über die Bedeutung des geschichtsträchtigen Bergs und die Naturverbundenheit unserer Vorfahren, bevor es vorbei an imposanten Felstürmen durch ein Felsenlabyrinth wieder bergab geht.

Durch knallgelb blühende Rapsfelder schlängelt sich der Weg anschließend sanft zur Kapellenruine Zum Heiligen Baum in Arzlohe, die einst auf einer alten heidnischen Kultstätte erbaut wurde. Mehr als ein Teil der Grundmauern und das Portal sind heute nicht mehr übrig. Doch das reicht, um die Energie dieses kraftvollen Ortes zu spüren. Bei einem Picknick innerhalb der Mauern mit Blick auf die Rapsfelder kann man toll die Batterien wieder aufladen, bevor man die letzte Etappe auf den Hohlen Fels in Angriff nimmt.

Oben angekommen, sind dann auch die 1000 Höhenmeter geknackt, die dem Weg seinen Namen geben. Oberhalb der Karsthöhle Hoh-

ler Fels bietet sich schließlich ein grandioser Rundumblick auf den Happurger Stausee – da sind sämtliche Strapazen in Windeseile komplett vergessen.

**FAZIT: EINE FARBENFROHE WANDERUNG AUF DER FRÄNKISCHEN ALB. DANACH SIND DIE AKKUS WIEDER AUFGELADEN!**

---

**Hin & weg:** Vom Nürnberger Hauptbahnhof mit der S1 in 38 Minuten nach Pommelsbrunn; von Erlangen mit der S1 in rund 70 Minuten.

**Dauer & Strecke:** 4 Stunden und 13,2 km zu Fuß.

**Beste Zeit:** Ganzjährig möglich, doch besonders farbenprächtig im Mai, wenn der Raps blüht.

**Ausrüstung:** Wanderschuhe, Picknick, Decke.

---

Über den Ringwall der Houbirg, einst eine der größten keltischen Wallburgen Süddeutschlands, führt der Weg über Reckenberg durch Obstgärten zurück nach Pommelsbrunn.

STADTFÖRSTEREI

# GRUNZENDE GESELLEN

… im Fürther Stadtwald

## #24

*Im Fürther Stadtwald kommen Familien zum Sonntagsspaziergang zusammen, oder man trifft sich zum gemeinsamen »Sporteln«. Bei einer Wanderung durch das beliebte Naherholungsgebiet lernt man auch gleich noch etwas über die heimischen Wälder und Tiere.*

#Schwarzkittel #Panorama #Walderlebnis #ThailandtrifftFranken

Vom Wanderparkplatz am Fürther Stadtwald führt der Weg zunächst über einen breiten Forstweg, dann über einen schmaleren Waldweg zur Alten Feldschmiede, einem der vielen ehemaligen Steinbrüche im Stadtwald. Bis ins Mittelalter wurde hier der Burgsandstein abgebaut, um ihn als Baustoff zu nutzen.

Auf verschlungenen, romantischen Waldwegen erreicht man nach einigen Kilometern die Alte Veste, eine Turmhügelburg aus dem 13. Jahrhundert. Die Wehranlagen wurden bereits zu Kriegszeiten im 14. Jahrhundert geschleift. Im 19. Jahrhundert wurde der erste Aussichtsturm auf der Ruine erbaut und blieb bis zur Sprengung durch die Wehrmacht ein beliebter Treffpunkt für Nürnberger wie Fürther. Seit rund 50 Jahren gibt es nun einen neuen Turm, das Wahrzeichen Zirndorfs, sodass man von hier oben wieder exzellente Ausblicke auf Zirndorf, Fürth, Nürnberg und bis in die Fränkische Schweiz genießen kann.

Zu Füßen des Aussichtsturms liegt, zauberhaft in den Wald eingebettet, der Gasthof Alte Veste. Das klingt nach typisch fränkischem Gasthaus. Tatsächlich trifft hier fränkische Tradition auf thailändische Gastlichkeit. Es werden klassische Grillspezialitäten mit einem exotischen Hauch Fernost serviert.

Gut gestärkt geht es weiter in Richtung Wildschweingehege. Schon von Weitem hört man es grunzen und schmatzen. Die Wildschweine rennen enthusiastisch auf die Neuankömmlinge zu, es könnte ja etwas zu essen abfallen – vielleicht ein paar Eicheln, die mögen die Schwarzkittel besonders gern. Einzig der Zaun steht zwischen Besucher und Wildschwein, man blickt ihnen tief in die Augen.

Idylle pur – Im Dreißigjährigen Krieg war die Alte Veste jedoch Schauplatz einer Schlacht zwischen den kaisertreuen Truppen Wallensteins und den Truppen unter König Gustav II. Adolf von Schweden.

An der denkmalgeschützten Stadtförsterei vorbei führt der Weg zum Walderlebnispfad, der im angrenzenden ehemaligen Steinbruch beginnt. Dreißig Hinweistafeln verraten mehr über die heimische Flora sowie über charakteristische Merkmale des Stadtwaldes. So erfährt man auf dem Weg zurück ganz nebenbei noch etwas über die Wild- und Vogelkirsche, die gemeine Kiefer und außerdem auch über die rote Waldameise.

**FAZIT: EINE TIERISCH GUTE WANDERUNG MIT TOLLER AUSSICHT UND FERNÖSTLICHEN EINFLÜSSEN.**

---

**Hin & weg:** Mit dem Auto direkt zum Wanderparkplatz Felsenkeller/Fürther Stadtwald.

**Dauer & Strecke:** 5 Stunden und ungefähr 12,5 km zu Fuß.

**Beste Zeit:** Ganzjährig. Am schönsten im Frühjahr, wenn die Wildschweine ihre Frischlinge bekommen.

**Ausrüstung:** Wanderschuhe, Kamera.

---

# IM WILDEN GALOPP

## ... durch das Naturschutzgebiet Tennenloher Forst

**#25**

*Wem der Sonntagsspaziergang durch die Stadt zu langweilig ist: Direkt vor den Toren Erlangens lockt der Tennenloher Forst. Mehr als 1600 Tier- und Pflanzenarten haben sich auf dem ehemaligen amerikanischen Truppenübungsplatz angesiedelt. Der Star: die Urwildpferde.*



#Sandökosystem #GlückderErdeaufdemRückenderPferde #wildeSchönheiten

»Der Weg ist das Ziel«, sagte Konfuzius einst. Dies gilt hier nicht – zumindest nicht von Anfang an. Vom Parkplatz startend, ist der erste Teil des Wegs durch den Tennenloher Forst zwar schön, aber wenig spektakulär. Allenfalls das Schild mit der Aufschrift »Lebensgefahr. Absolutes Betretungsverbot außerhalb der befestigten Wege! Das gesamte Gelände ist aufgrund seiner historischen Nutzung mit Munition und sonstigen Kampfmitteln belastet« führt zu kurzzeitiger Schnappatmung. Doch wenn man immer schön auf den Wegen bleibt, ist das gar kein Problem.

Landschaftlich ändert sich das Bild ab dem Zigeunereck, einem Orientierungsstein, der nach der Waldabteilung benannt wurde. Der Wald wird dichter, den Wegrand säumen Walderdbeeren, Himbeeren und Sonnentau. Die Sonnenstrahlen lassen den Wald in Grüntönen erstrahlen, und unzählige Schmetterlinge flattern einem um die Nase.

Kurz nach dem Hundestein, einem weiteren Orientierungsstein, der dem treuen Begleiter des Jägers gewidmet ist, verwandelt sich die Natur abrupt. Inmitten des Sebalder Reichswaldes tauchen riesige Weideflächen auf, einst war dies die Schießbahn Range 6. Heute werden die eingezäunten Weideflächen von Przewalski-Pferden, auch »mongolische Wildpferde« genannt, und den seltenen Schweizer Pfauenziegen beweidet, um die steppenartige Landschaft zu erhalten und somit auch den Lebensraum zahlreicher anderer Tier- und Pflanzenarten. Der Tennenloher Forst zählt zu den größten Sandökosystemen Süddeutschlands.

Gleich nach der ersten Einzäunung führt der Weg ein Stück bergauf auf den Kugelfangwall. Einst war es dessen Aufgabe, das Einschlagen hochfliegender Geschosse in das dahinterliegende Waldgebiet zu verhindern. Heute genießt man von dort oben einen grandiosen

Przewalski-Pferde fressen sich durch die Heide- und Sandlandschaft bei Erlangen und tragen so wunderbar zur Landschaftspflege bei.

Ausblick über das Naturschutzgebiet und die Urwildpferde. Bei schönem Wetter zeigen sich am Horizont auch die Nürnberger Burg, der Fernsehturm und der Business Tower.

Nun geht es auf dem Kugelfangwall zurück und anschließend weiter auf dem Weg entlang der Pferdegehege. Mit etwas Glück kann man hier die letzten Urwildpferde der Erde dabei beobachten, wie sie sich »bekauen« – ein Zeichen ihrer Zuneigung. Nicht immer ist einem das Glück hold, schließlich sind es Wildpferde. Wer garantiert eines der in der Natur ausgestorbenen Przewalski-Pferde sehen möchte, dem sei ein Besuch des Nürnberger Tiergartens empfohlen (Eskapade #33).

**Hin & weg:** Mit dem Auto bis zum Parkplatz Turmberg.

**Dauer & Strecke:** 4 Stunden und 10,1 km zu Fuß.

**Beste Zeit:** Ganzjährig möglich. Nach Absprache bietet der Landschaftspflegeverband Mittelfranken e.V. auch fachkundige Führungen an (www.wildpferde-tennenlohe.de).

**Ausrüstung:** Fernglas.

**FAZIT: WILD, WILDER, TENNENLOHER FORST! EIN SPANNENDER AUSFLUG FÜR GROẞE UND KLEINE NATURFORSCHER.**

# AUF DU UND DU MIT DEN TIEREN

## … im Wildpark Hundshaupten

**#26**

*Wilde Tiere wie Steinböcke, Rentiere und Rothirsche in freier Natur zu erleben, das ist den meisten nicht vergönnt. Anders im Wildpark Hundshaupten: Hier begegnet man ihnen in freier Wildbahn. Für den Kuschelfaktor gibt es lustige Bergziegen, Alpakas und Meerschweinchen.*

#wildeTierehautnah #heyHirsch #manchemögenssteil

Der Wildpark Hundshaupten ist ein beliebtes Ausflugsziel für Groß und Klein. Bei einer Wanderung lassen sich hier rund 30 heimische Tierarten beobachten.

Gleich am Eingang empfangen uns putzige Zwergziegen, die sich nur zu gerne füttern lassen. Direkt nebenan die freundlichen Alpakas, die gefühlt stets ein breites Lächeln im Gesicht tragen. Pfauen stolzieren mit hoch erhobener Federkrone auf und ab und schlagen gelegentlich ein Rad. Sanft schlängelt sich der Naturlehrpfad vorbei an Schweinen aller Art: Wollschwein, Wildschwein und Hängebauchschwein nennen die Gehege ihr Zuhause.

Der anschließende Panoramaweg wäre wohl kein Panoramaweg, wenn es nicht steil bergauf ginge – und das tut er! Dem Weg durch den Felsengarten folgend, erreicht man das weitläufige Gehege des Muffelwilds. Um die Mufflons zu Gesicht zu bekommen, sollte man allerdings gleich morgens oder erst gegen Abend hier entlangspazieren, denn dann sind sie aktiv. Anders das Steinwild, das gleich nebenan flink und geschickt über die Steine klettert. Im danebenliegenden Freigehege für Damm- und Rotwild dann am besten einfach mal eine kleine Pause auf einer der Bänke einlegen und warten. Vielleicht lässt sich ja ein Hirsch mit seinem stattlichen Geweih oder eine Hirschkuh blicken. Die Wadenmuskulatur dankt die Pause ebenfalls, der letzte Teil des Spaziergangs durch den Wildpark wird nämlich noch mal richtig knackig.

---

**Hin & weg:** Mit dem Auto bis zum Parkplatz Wildpark Hundshaupten.

**Dauer:** 4 Stunden bis zu einem ganzen Tag.

**Beste Zeit:** Zu jeder Jahreszeit toll. Am schönsten im Juni, wenn die meisten Damwildkälber geboren werden. Infos und Öffnungszeiten unter: www.wildpark-hundshaupten.de

**Ausrüstung:** Fernglas, bequeme Schuhe.

---

Über den steilen Felsenweg geht es sehr hoch hinauf. Man passiert dabei den eher bizarr anmutenden Geldstein und wandert anschließend hin zum Breitenstein. Vom höchsten Punkt des Wildparks aus bieten sich dann wahrlich traumhafte Ausblicke auf das Bergschloss und das wunderschöne Trubachtal. Doch nicht nur landschaftlich ist dieser letzte Teil der Rundwanderung ein echter Genuss, auch tierisch hat er einiges zu bieten. Man begegnet dort oben auch einigen zuckersüßen Heidschnucken und anderen alten Schafarten. Luchse und Wölfe fühlen sich rund um den Breitenstein ebenfalls ziemlich wohl.

**FAZIT: NATURERLEBNISSE HAUTNAH! HIER KANN MAN TIERE SEHEN, DIE EINEM IN FREIER WILDBAHN KAUM BEGEGNEN.**

Auf dem Weg zum Ausgang kommt man an der Wildpark-Schänke vorbei. Mit Blick auf die Enten am Teich lädt die Terrasse zur Rast ein. Bei fränkischer Hausmannskost oder Kaffee und Kuchen kann man hier herrlich verweilen.

# BLUMEN UND BEEREN

... rund um Cadolzburg

**#27**

*Hoch über der Kleinstadt Cadolzburg thront die gleichnamige Burg auf einer Felsnase und prägt das Ortsbild. Eine Wanderung rund um Cadolzburg bietet unvergleichliche Ausblicke auf die Burg, Wildblumen, mystische Wälder und Beeren, die »Pflück mich« schreien.*



#wildeFrüchten #sommerlicheBlumenpracht #Burgblicke #mystischeOrte

Ausgangspunkt der Wanderung ist die Markgrafenkirche am Fuß der Burg. Vorbei an der geschichtsträchtigen Hohenzollernfeste führt der Weg zunächst durch ein kleines Wäldchen. Gleich darauf eröffnet sich ein traumhafter Ausblick auf die Cadolzburg.

Anschließend geht es weiter durch den Wald. Hin und wieder finden sich Schilder mit Erklärungen zu den heimischen Bäumen. Immer dichter werden die Sträucher am Wegrand, an denen viele kleine rote Früchtchen hängen – Himbeeren, so weit das Auge reicht. Immer schön eine in den Mund, eine in das mitgebrachte Körbchen.

Auf den nächsten Kilometern wechselt das Landschaftsbild nun wieder und wieder. Es

Am Wegrand kann man herrlich Blaubeeren naschen, oder man spart sich diese für zu Hause auf und backt einen köstlichen Blaubeerkuchen.

geht vorbei an kleinen Tümpeln, durch lichter werdende Wälder und mitten durch Wiesen, auf denen Wildblumen in den schönsten Farben sprießen. Das reinste Paradies für Bienen, Hummeln und Schmetterlinge. Ein ständiges Summen und Brummen begleitet die Wanderer. Nach etwa der Hälfte des Weges erneut ein abrupter Wechsel. Der Wald wird dichter, bekommt etwas Mystisches. Die Wege, teils komplett zugewachsen, werden zunehmend unübersichtlicher. Verlaufen kann man sich nicht in dem Wegenetz, Sackgassen gibt es

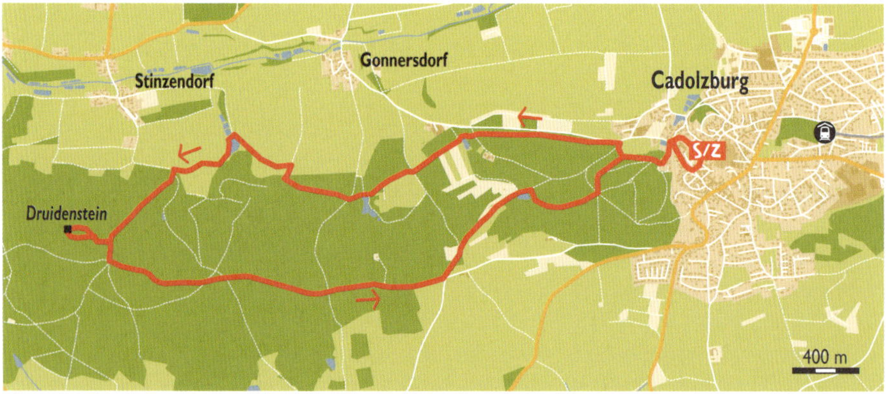

Rund um die idyllisch gelegene Cadolzburg scheint die Welt noch in Ordnung – es wachsen Wildblumen, so weit das Auge reicht.

nicht, nur gefühlt tausend verschiedene Möglichkeiten, das nächste Ziel zu erreichen: den sagenumwobenen Druidenstein am Dillenberg.

Wobei: Eigentlich ist es heute nur noch ein Gedenkstein, der an den Druidenstein erinnert. Reiter ohne Kopf und dreibeinige Hunde, wie eine Sage berichtet, findet man hier wohl nicht mehr. Dennoch besitzt der Ort auch jetzt noch etwas Kraftvolles und Verwunschenes. Einst legten die Druiden auf dem heidnischen Altar Opfergaben ab, auch heute findet man, gerade wenn man öfter hierherkommt, kleine Gaben – Blumen, Steine, Tannenzapfen – auf dem Gedenkstein. Wer sie wohl ablegt?

Während den Sammler am Hinweg Himbeeren am Wegrand begleitet haben, locken am Rückweg die Blaubeeren. Dicht wachsen die Sträucher, unzählige pralle blaue Beerchen schreien danach, gepflückt zu werden. Wären da nicht die verräterischen blauen Lippen, würde an der letzten Station der Wanderung – der Cadolzburg – auch niemand merken, dass die Hälfte der Beeren im Mund statt im Körbchen gelandet sind.

In der Cadolzburg (www.burg-cadolzburg.de), einer der mächtigsten Burganlagen Bayerns, lohnt sich der Besuch des modern und interaktiv gestalteten Museums, in dem man mehr über die 600-jährige Herrschaft der Hohenzollern und deren interessante Lebensgewohnheiten erfährt. Herrlich flanieren lässt es sich anschließend durch den wild-romantischen ummauerten Burggarten.

---

**Hin & weg:** Ab Nürnberg und Erlangen zunächst zum Fürther Hauptbahnhof und dann mit der Regionalbahn weiter nach Cadolzburg.

**Beste Zeit:** Ganzjährig möglich, doch am schönsten im Sommer, wenn die Wildblumen blühen und die Beeren reif sind.

**Dauer & Strecke:** 5 Stunden und rund 11 km zu Fuß.

**Ausrüstung:** Bequeme Schuhe, Kamera und ein Körbchen für die Beeren.

---

**FAZIT: ABWECHSLUNGSREICHE WANDERUNG RUND UM CADOLZBURG MIT BEEREN, BLUMEN, EIN WENIG MYSTIK UND EINER ZEITREISE INS MITTELALTER.**

# SCHÖNE AUSSICHTEN

## … auf dem Thalachtal-Panoramaweg

**#28**

*Schöne Aussichten genießen und dabei auf geschichtsträchtigen Wegen wandern? Der Thalachtal-Panoramaweg auf den Höhen rund um Thalmässing ist eng mit der Geschichte der Region verbunden und verwöhnt mit reizvollen Landschaften.*

#NaturparkAltmühltal #TagestourmitAussichten #KuchenwiebeiOma

Die Wanderung auf dem Thalachtal-Panoramaweg ist facettenreich. Der Weg führt durch schattige Wälder, Wiesen und Felder, und kulturelle Highlights liegen am Wegrand.

Der Thalachtal-Panoramaweg im Naturpark Altmühltal wird seinem Namen wahrlich gerecht. Von den Hügeln rund um Thalmässing bieten sich immer wieder wechselnde Aussichten ins Thalachtal und in die Ferne. Naturnah geht es über Hohlwege, durch mystische Wälder und eine Wacholderheide, vorbei an Hügelgräbern und charmanten Dörfern.

Der Ausgangspunkt dieser wirklich schönen Wanderung ist das Museum Fundreich (www.fundreich-thalmaessing.de) am Marktplatz von Thalmässing, das einen Besuch wert ist, bevor man die Wanderung antritt. Zu sehen sind Funde aus der regionalen Siedlungsgeschichte. Archäologie kann man hier hautnah erleben und anschließend mit den Entdeckungen auf dem Weg verknüpfen.

Vom Marktplatz aus führt der Weg zunächst immer am Waldrand entlang nach Gebersdorf, anschließend bergauf weiter nach Landersdorf. Hier empfiehlt sich ein Abstecher ins Geschichtsdorf Landersdorf mit den originalgetreuen und begehbaren Rekonstruktionen von Häusern aus der Stein- und Keltenzeit. Im vorgeschichtlichen Garten erfährt

---

**Hin & weg:** Mit dem Auto zum Ausgangspunkt der Wanderung am Marktplatz in Thalmässing.

**Dauer & Strecke:** 6 Stunden und 18 km zu Fuß.

**Beste Zeit:** Ganzjährig möglich, aber am schönsten an klaren Tagen im Frühjahr und Sommer, dann genießt man die schönsten Ausblicke.

**Ausrüstung:** Feste Bergschuhe und eventuell eine Brotzeit.

---

Das Museum Fundreich zeigt regionale archäologische Funde aus der Steinzeit bis hin zum Mittelalter. Ein Besuch lohnt sich!

man mehr über alte Getreidesorten und Färbepflanzen und das landwirtschaftliche Geschick unserer Vorfahren.

Wer bereits hungrig ist, schlägt den Weg zum Landgasthaus Weglehner (www.landgasthofweglehner.jimdo.com) ein. Hier werden herzhafte Brotzeitplatten mit frisch gebackenem Brot aus dem eigenen Holzofen gereicht, und auch der Rhabarberkuchen ist köstlich.

Vorbei an restaurierten Hügelgräbern aus der Frühzeit führt der Weg anschließend weiter nach Feinschluck und dann am Windsberg entlang hinab zur Thalach. Damit ist die erste Hälfte der Wanderung geschafft.

Der Rückweg verläuft bergauf zum Wald und über schattige Waldwege durch die Wacholderheide. Danach schmiegt sich der Weg an den Waldrand am Kuhberg und geht in einen Hohlweg im Wald über, der auf den Berg Landeck führt. Anschließend immer bergab nach Thalmässing zum Ausgangspunkt.

Einst stand auf dem Berg Landeck eine Burg, davon zeugen heute jedoch nur noch die Burggräben. Doch der grandiose Ausblick und zahlreiche mystische Geschichten locken auf die Erhebung. An einer solarbetriebenen Stele am Gipfel ertönt die Sage um die Weiße Frau vom Landeck, die dort in kalten Winternächten, von Wölfen begleitet, umherstreicht.

**FAZIT: BESONDERS NATURNAHE RUNDWANDERUNG MIT ÜBERRASCHENDEN AUSSICHTEN, EINBLICKEN IN DIE REGIONALE GESCHICHTE UND LECKEREM KUCHEN.**

# DER KANAL ALS KOMPASS

## … von Nürnberg bis ins Altmühltal

**#29**

*Immer am Kanal entlang geht es von Nürnberg bis ins Radlerparadies Altmühltal: Auf knapp 60 Kilometern führt der Radwanderweg Nürnberg-Rothsee-Altmühltal durch interessante Städte, wunderschöne Täler, vorbei an beeindruckenden Burgen und Kirchen.*



#Radwandern #Burgen&Kirchen #romantischeTäler #SpringinskalteWasser

Immer direkt am Main-Donau-Kanal entlang geht es von Reichelsdorf auf dem gut ausgebauten Radweg in Richtung Altmühltal. Die Güterschiffe dümpeln im Wasser, und eine kleine Brise weht einem um die Nase. An der Schleuse Hilpoltstein lohnt ein Abstecher zum Rothsee: einen Stausee, der angelegt wurde, um die Wasserverteilung zwischen dem wasserreichen Süd- und dem wasserarmen Nordbayern auszugleichen. Auf einer der Liegewiesen lässt es sich wunderbar entspannen, und nach einem Sprung ins kühle Nass geht es dann erfrischt weiter in die ehemalige pfalzgräfliche Residenzstadt Hilpoltstein.

Der Radwanderweg führt durch verträumte, romantische Dörfer und herrliche Naturlandschaften.

Hoch über der Stadt thront die Burgruine Hilpoltstein auf einem Sandsteinfelsen und lädt zum Erkunden ein. Doch auch die wunderschönen Bürgerhäuser mit Fachwerk unten im Ort sind sehenswert. In einem dieser alten Fachwerkhäuser findet man das nette Café Grimm (www.cafe-grimm.com). Bei schönem Wetter schmeckt der hausgebackene Kuchen im historischen Biergarten noch besser, als er es ohnehin schon täte.

Gut gestärkt geht es anschließend weiter – die Kalorien wollen schließlich wieder abtrainiert werden. Kurz hinter Hilpoltstein verlässt der Weg nun die Kanaltrasse. Gen Süden geht es über hügelige Wege durch Pyras, Eysölden und Stauf. Dörfer, die einer anderen Zeit entsprungen scheinen. Anschließend führt der Radweg hinunter in das romantische Thalachtal bis nach Thalmässing mit seinen stattlichen Bürgerhäusern und dem interessanten Vor- und Frühgeschichtlichen Museum am beschaulichen Marktplatz.

Weiter geht es, dem Flüsschen folgend, nach Greding. Schon von Weitem erblickt man die

---

**Hin & weg:** Vom Nürnberger Hauptbahnhof in 12 Minuten mit der S2 bis Reichelsdorfer Keller. Von dort mit dem Rad in 10 Minuten zum Startpunkt am Main-Donau-Kanal. Von Kinding mit dem RE in 30 Minuten zurück nach Nürnberg.

**Beste Zeit:** Am schönsten im Sommer, wenn es warm genug ist zum Baden.

**Dauer & Strecke:** 5 Stunden bis zu einem ganzen Tag und 58 km mit dem Fahrrad.

**Ausrüstung:** Fahrrad, Radkarte, Proviant für unterwegs, Badesachen, Sonnencreme.

---

Die Martinskirche am Fuße des Kalvarienberges ist das Wahrzeichen von Greding.

21 Türmchen des mauerumwallten Städtchens. Innerhalb der Mauern findet man eine barocke Innenstadt mit dem wunderschönen Rathaus am Marktplatz vor.

Von Greding sind es dann nur noch wenige Kilometer bis zur Mündung der Thalach. Danach geht es an der Schwarzach entlang nach Kinding, wo die besterhaltene Kirchenburg Bayerns, eine im 14. Jahrhundert erbaute Wehrkirche, besucht werden sollte, bevor man den Heimweg antritt.

**FAZIT: PER RAD AM KANAL ENTLANG UND DABEI TRAUMHAFTE LANDSCHAFTEN UND ENTZÜCKENDE FRÄNKISCHE KLEINSTÄDTE ENTDECKEN. BAD IM SEE INKLUSIVE!**

# FLAUSCHIGE GESELLEN

… Alpakawanderung im Aurachtal

## #30

*Große Kulleraugen, kesse Frisur und immer ein breites Lächeln im Gesicht: das Alpaka – früher Nutztier, heute Trendtier. Mit den plüschigen Begleitern wird eine Wanderung durch das malerische Aurachtal zu einem unvergesslichen Erlebnis.*

Ursprünglich stammt das Alpaka aus den südamerikanischen Anden. Bereits 3000 v. Chr. wurde es aus dem wilden Vikunja gezüchtet und wird seither als Haustier gehalten. Die Andenbewohner schätzen sehr die feine hochwertige Wolle, die aus dem Fell der Alpakas gemacht wird. Alleine in Peru leben rund 3,5 Millionen der flauschigen Tiere, die zur Gattung der Kamele gehören. Höcker wie Kamele haben die niedlichen Alpakas zwar nicht, dafür spucken sie gerne wie ein Lama - besonders die Weibchen, wenn sie kein Interesse an einem männlichen Alpaka haben. Aber auch die Rangfolge innerhalb der Herde wird durch Spucken geregelt. Menschen hingegen bekommen nur selten etwas davon ab und vor allem niemals grundlos.

Auch jenseits der Anden geht der Trend ganz klar zum Alpaka, so auch im Aurachtal, wo Markus Enßner und seine Frau Wanderungen mit den Paarhufern anbieten. Armando, Jimmy, Klaus und Co. sehen mit ihren großen Knopfaugen, dem flauschigen Fell, kesser Frisur und Dauergrinsen im Gesicht aus wie einem Regal für süße Plüschtiere entsprungen. Wobei das nicht heißt, dass die Tiere permanent geknuddelt werden wollen. Alpakas sind keine Schmusetiere, sie zählen wie Kamele zu den Flucht- und Distanztieren. Gegen einen langen Spaziergang haben die Alpakas allerdings nichts einzuwenden, ganz besonders dann nicht, wenn unterwegs die schönsten Futterplätze angesteuert werden, wo man leckere Grashalme naschen kann.

Beim Betreten des Hofes im Aurachtal ist die Zurückhaltung der Alpakas zunächst merklich zu spüren, doch bald schon überwiegt die ihnen angeborene Neugierde. Nachdem das Halfter angelegt ist, kann man schon mal ein wenig auf Tuchfühlung gehen und sich gegenseitig beschnuppern, bevor es losgeht zu einem Spaziergang durch die weiten Wiesen und Felder des Tals. Das Einzige, was es zu beachten gilt: Das Alpaka immer schön kurz, aber locker halten. Lässt man die Leine zu lang, geht das Alpaka lieber am Wegrand futtern, als sich weiterzubewegen. Schulter an Schulter wandert man gemütlich und leise durch das hübsche Aurachtal. Die Laune

---

**Hin & weg:** Mit dem Auto nach Wollersdorf und der Straße bis zum Ortsende folgen, dann macht sie eine Rechtskurve, kurz danach links in den Feldweg abbiegen, dieser führt direkt zu den Alpakas.

**Beste Zeit:** Ganzjährig bei schönem Wetter möglich.

**Dauer & Strecke:** 4 Stunden und ca. 5 km (Spaziergang).

**Ausrüstung:** Dem Wetter angepasste Kleidung und die Kamera nicht vergessen!

---

Wandern macht bekanntlich hungrig. Im Aurachtal wird für das leibliche Wohl der Zweibeiner und Vierbeiner gleichermaßen gesorgt.

steigt kontinuierlich. Mit einem Begleiter, der ein Dauerlächeln im Gesicht trägt, versteht sich das von selbst. Langsam fällt der Stress ab – die Ruhe und Ausgeglichenheit der Vierbeiner überträgt sich auf die menschlichen Begleiter. Wen wundert es da noch, dass Alpakas auch »Delfine der Weide« genannt werden. Sie geben etwas von sich, ohne etwas dafür zu wollen.

Zurück auf dem Hof, darf die flauschige Bande ausruhen. Für die Zweibeiner gibt es noch eine deftige fränkische Brotzeit, die Daniela Enßner mit viel Liebe für ihre Gäste zubereitet hat, bevor man anschließend satt, zufrieden und komplett entschleunigt wieder den Heimweg antritt.

**FAZIT: TIERISCH GUTE UND ENTSCHLEUNIGENDE WANDERUNG, DIE GARANTIERT EIN LÄCHELN INS GESICHT ZAUBERT. UND DIE FRÄNKISCHE BROTZEIT DANACH: ECHT WAHNSINNIG LECKER!**

# AN DER LANGEN LEINE

## … im Wakepark Brombachsee

**#31**

*Was macht der leidenschaftliche Snowboarder im Sommer? Wakeboarden heißt die Alternative. Der Wakepark auf der Badehalbinsel Absberg am idyllischen Kleinen Brombachsee gilt als das neue Eldorado für Wakeboarder und alle, die es werden wollen.*

Sommersport für jedermann ist am Brombachsee geboten. Der Wakepark Brombachsee ist bei Jung und Alt, bei Anfängern und Profis gleichermaßen beliebt.

Anfang der Neunziger kamen Surfer auf die Idee, sich hinter einem Boot herziehen zu lassen und sich so die Zeit zu vertreiben, wenn weit und breit keine Welle in Sicht war. Daraus entstand das Wakeboarden (Wake = Kielwasser). Bald wurden hierzu eigene Bretter und Lifte entwickelt, und Deutschland mauserte sich zur Wakeboard-Hochburg. Ganze 74 Cable-Spots gibt es mittlerweile, einen davon auf der Badehalbinsel Absberg, die mitten im Fränkischen Seenland im Landschaftsschutzgebiet am Kleinen Brombachsee liegt.

Wenn die Tage langsam heißer werden, was gibt es da Schöneres, als an den See zu fahren und sich Abkühlung zu verschaffen? Wem einfach in der Sonne liegen oder schwimmen zu schnöde ist, sollte einmal das Wakeboarden ausprobieren. Bei Könnern sieht das so aus: Sie rasen mit fast 40 km/h durch die Kurve, da kann ihnen das Wasser schon mal die Sicht

Man springt meterhoch, dreht sich in der Luft und landet (meistens) wieder sanft auf dem Wasser. Wakeboarden macht Spaß!

versperren. Doch jetzt heißt es noch einmal richtig Schwung nehmen, um anschließend den ersten Sprung auszuführen. Geschafft! Und da ist auch schon die Schanze ... Selbst für Fortgeschrittene ist das kein Kinderspiel.

Natürlich ist nicht jeder bereits ein Vollprofi. Zugegeben, als Anfänger hat man es erst mal schwer. Die ersten Startversuche gehen meist in die Hose, denn der Start von der Matte erfordert viel Kraft und Konzentration. Hat man diesen jedoch gemeistert, ist das Schwierigste schon geschafft. Das lockere Lenken aus der Hüfte hat man recht schnell raus, und alles andere ist einfach nur Übungssache. Einfach machen, der Rest kommt schon! Wer schneller zum Erfolg kommen will, dem empfiehlt sich ein Einsteigerkurs, um die Grundkenntnisse theoretisch und praktisch zu erlernen.

Erschöpft, aber glücklich lässt es sich nach dem Wakeboarden toll am Strand relaxen. Fürs leibliche Wohl wird in der Beachbar gesorgt, schließlich macht Wakeboarden hungrig. Chillen auf der Sonnenterrasse der Bar, dazu ein richtig leckerer frischer Burger oder ein Stück Kuchen – der perfekte Ausklang eines spektakulären Tages. Wer noch länger bleiben möchte, schlägt einfach das Zelt auf der Zeltwiese gleich nebenan auf, und am nächsten Morgen geht es wieder rauf aufs Brett!

**Hin & weg:** Am besten mit dem Auto. Es geht aber auch mit den öffentlichen Verkehrsmitteln. Mit dem Zug bis Pleinfeld und dann weiter mit dem Bus in Richtung Absberg.

**Dauer:** 4 Stunden oder ein ganzer Tag.

**Beste Zeit:** Frühling–Herbst.

**Ausrüstung:** Handtuch, Badesachen, Wakeboard, Helm und Sonnenschutz nicht vergessen. Die Wakeboard-Ausrüstung kann auch im Wakepark Brombachsee (www.wakepark-brombachsee.de) ausgeliehen werden.

**FAZIT: SPEKTAKULÄRE ABKÜHLUNG IM SOMMER! FÜR DIE EINEN GEHT ES UM DEN PERFEKTEN SPRUNG, FÜR DIE ANDEREN UM DAS GEFÜHL UNENDLICHER FREIHEIT.**

# SO WEIT DAS LAND

... am Walberla

## #32

*»Wie Perlen um den Hals einer schönen Frau, so ranken sich die schmucken Dörfer um den sagenumwobenen Berg der Franken«, sagt der Volksmund – und richtig gutes Bier wird dort auch gebraut. Wandern, Fernblicke genießen und Bier trinken: die perfekte Kombination, oder?*



#fürBierliebhaber #spektakuläreWeitblicke #fränkischesWahrzeichen #Gipfelglück

Stetig bergauf geht es zunächst, doch oben angekommen, wird man mit einem grandiosen Ausblick belohnt.

Das Walberla ist der Nordgipfel des markanten Tafelbergs Ehrenbürg und eine der bekanntesten Erhebungen der Region. Die 9 Kilometer lange Wanderung rund um das Wahrzeichen der Fränkischen Schweiz führt durch spektakuläre Felslandschaften und charmante fränkische Dörfer, die Heimat zahlreicher alteingesessener Lokalbrauereien sind. Was will das Wanderherz mehr?

Vom Wanderparkplatz Walberla geht es auf direktem Weg in rund 30 Minuten hinauf aufs

Helles oder dunkles Bier gibt es in der Brauerei Alt frisch vom Fass.

Walberla. Westlich des Gipfelkreuzes bieten sich von der Walburgiskapelle und den benachbarten Aussichtspunkten wahrhaft grandiose Ausblicke über das Wiesenttal und bei klarem Wetter eine Weitsicht bis nach Bamberg und Erlangen.

Über das Gipfelplateau der Ehrenbürg führt der Weg anschließend weiter zum Rodenstein, dem Südgipfel der Ehrenbürg. Danach geht es über einen schmalen Pfad stetig bergab und zurück ins Ehrenbachtal. Eine erste hopfige Erfrischung wartet auf den durstigen Wanderer in Dietzhof in der Brauerei Alt (www.brauerei-alt.de), die bereits in fünfter Generation ihr eigenes Bier braut. Dort genehmigt man sich zum Einstieg am besten ein Radler. Das gibt's entweder in der hellen oder der dunklen Variante.

Von Dietzhof führt der Weg nun direkt weiter nach Leutenbach. Schnurstracks durch den charmanten Ort, am Rathaus vorbei, gelangt man zum Brauerei-Gasthof Drummer (www.brauerei-gasthof-drummer.de). Seit 1738 wird auch hier in Familientradition gebraut. Je nach Gusto trinkt man ein süffiges helles Lagerbier oder ein dunkles Vollbier. Dazu schmeckt eine hausgemachte fränkische Brotzeit, und der gemütliche Biergarten lädt zum Verweilen ein.

Der Weg führt nun weiter Richtung Kirche, kurz danach hält man sich links, und es geht zurück ins Naturschutzgebiet Ehrenbürg. In einem stetigen Bergauf und Bergab führt der Wanderweg unterhalb der Leutenbacher Wand und der Geierwand erneut über das Walberla. Nach einem langen Abstieg ist der Parkplatz in Kirchensittenbach erreicht.

Auf gut ausgeschilderten Wegen geht es über das Walberla.

**FAZIT: SCHÖNE RUNDWANDERUNG MIT GRANDIOSEN AUSBLICKEN UND EINIGEN BIERIGEN EINBLICKEN. WANDERHERZ, WAS WILLST DU MEHR!**

---

**Hin & weg:** Am besten mit dem Auto bis zum Ausgangspunkt der Wanderung am Wanderparkplatz Walberla in Kirchehrenbach.

**Dauer & Strecke:** 5 Stunden und 9 km zu Fuß.

**Beste Zeit:** Ganzjährig möglich.

**Ausrüstung:** Gute Bergschuhe, Wanderkarte, Kamera.

---

# ES WIRD SANDIG

## ... von Weißenbrunn nach Röthenbach

# #33

*Dünen in Franken? Klingt komisch, gibt es aber im Nürnberger Land. In den letzten beiden Eiszeiten türmten sie sich meterhoch auf und prägen bis heute die Landschaft. Sie bieten traumhafte Wanderwege durch Silbergrasfluren, Zwergstrauchheiden und Kiefernwälder.*

#Dünenwanderung #schöneAussichten #Steckerlaswald

Der Lorenzer Reichswald wächst auf Dünen, die sich während der letzten Eiszeiten gebildet haben. Eine raue, teils auch herbe Landschaft.

So merkwürdig es klingt, es gibt tatsächlich Dünen im Nürnberger Land. Es sind keine Sanddünen wie in der Sahara, aber Dünen. Durch kalte Stürme wurden sie in den letzten beiden Eiszeiten aufgetürmt, und bis heute drücken sie der Natur ihren Stempel auf. Zwar sind sie mittlerweile fast überall bewaldet, doch gerade das macht die Gegend reizvoll. Wen wundert es da, dass zahlreiche Wanderwege durch dieses Sandgebiet führen?

Die wenig bekannten Sandflächen stehen heute unter Naturschutz, da sie aufgrund der besonderen Standortbedingungen hochspezialisierten Pflanzen und Tieren, wie der Ödlandschrecke, der Kreuzkröte oder der Goldwespe, eine Heimat bieten. Auf dem fränkischen Dünenweg durchwandert man auf rund 85 Kilometern ebendieses Sandgebiet, das heute dicht mit Heidekraut, Silbergras und Kiefern bewachsen ist. Eine der schönsten, aber auch eine der anspruchsvollsten der fünf Tagesetappen ist die zweite Etappe von Weißenbrunn nach Röthenbach. Man durchwandert Buchenwälder, und neben Sandsteinaufschlüssen, und Hünengräbern gibt es auch einige wunderbare Aussichtspunkte zu entdecken.

---

**Hin & weg:** Ab Nürnberg mit der S1 in rund 15 Minuten nach Röthenbach a. d. Pegnitz und von dort mit dem Bus Linie 331 in rund 30 Minuten nach Weißenbrunn. Zurück mit der S1 von Röthenbach-Seespitze.

**Dauer & Strecke:** 6 Stunden und ca. 16 km zu Fuß.

**Beste Zeit:** Die Wanderung ist zu jeder Jahreszeit schön.

**Ausrüstung:** Wanderschuhe und evtl. Proviant für unterwegs.

---

Auf dem Gipfel des Moritzbergs angekommen, ist die Pause im Biergarten redlich verdient.

Von der Bushaltestelle in Weißenbrunn folgt man zunächst für rund 1,5 Kilometer dem Rotpunkt bis zum Fränkischen Dünenweg, der ab hier durch die charakteristischen Buchenwälder der Frankenalb führt, und weiter nach Entenberg mit der schönen Kirche St. Peter und Paul. Vorbei an Sandsteinaufschlüssen geht es nun stetig bergauf bis zum Nonnenberg mit seinen Hünengräbern und den für die Albhochfläche typischen Dolineneinbrüchen.

Anschließend führt der Pfad eine Weile bergab und weiter in Richtung Gersdorf. Zur Rechten zeigt sich hier der mit Eichen bewachsene Hutanger. Danach führt der Feldweg wieder bergauf zu den Wiesen oberhalb von Weihersberg. Von hier lässt sich der Ausblick auf die Sandgruben inmitten der Wälder genießen. Nach rund zwei Kilometern erreicht man den 603 Meter hohen Gipfel des Moritzbergs – des Nürnberger Hausbergs, und das urige Berggasthaus (www.berggasthof-moritzberg.de) mit seinem zauberhaften Biergarten im Schatten der uralten Bäume lädt zu einer Rast ein.

Wer Lust hat, kann hinterher noch gut gestärkt die St.-Mauritius-Kapelle mit ihren wertvollen Fresken und Gemälden besichtigen und den Bismarckturm erklimmen, um einen Blick auf die Alb zu werfen. Danach führt der Weg stetig bergab Richtung Haimendorf und über Himmelgarten an den Himmelsbach, der sich tief in den Sandstein gegraben hat. Am Bach entlang erreicht man kurze Zeit später das Ziel, die S-Bahn-Station Röthenbach-Seespitze.

**FAZIT: EINE REIZVOLLE WANDERUNG AUF HISTORISCHEN SPUREN, DIE BIS ZURÜCK IN DIE EISZEIT FÜHREN.**

# AUF DEN KELLER GEHEN

... Kunst und Bier in Erlangen

## #34

*In Franken geht man »auf den Keller«, um ein kühles Bier und eine fränkische Brotzeit zu genießen. Doch die sollte man sich erst verdienen – bei einem Spaziergang durch den Erlanger Meilwald und den Skulpturengarten Heinrich Kirchner. Erst Kunstgenuss, dann Biergenuss.*



#inFrankengehtmanaufdenKeller #KunstamBerch #agscheidefränkischeBrotzeit

Der Ausflug beginnt und endet am Entla's Keller am »Berch«, wie der Erlanger Burgberg liebevoll genannt wird. Vor langer Zeit wurden kilometerlange Kellergänge in den Berg gegraben, um diese als Lager zu nutzen – ein natürliches Kühlhaus fürs Bier. Über diesen Kellern, in welchen das Bier lagerte und reifte, entstanden Kellerwirtschaften. Dort konnte man sein Bier direkt an der Quelle trinken. Darum geht man in Franken noch heute »auf den Keller«, wenn man Lust auf ein kühles Bier hat – ein Widerspruch in sich, aber die süffigen Kellerbiere schmecken!

Erst einmal muss man sich das Bier und die fränkische Brotzeit jedoch verdienen. Unser Weg führt über den Erlanger Burgberg, vorbei an einer Gedenktafel, die an den berühmten Dichter und Sprachwissenschaftler Friedrich Rückert erinnert. Anschließend geht es durch den idyllischen Erlanger Meilwald in einem großen Bogen um den Burgberg. Zurück auf dem Berg, lohnt ein Besuch des Skulpturengartens Heinrich Kirchner.

Der gebürtige Erlanger Kirchner gehört zu den bedeutendsten süddeutschen Künstlern

seiner Generation. Mit dem Skulpturengarten wurde ihm am »Berch« ein lebendes Denkmal gesetzt. Seine 18 stark vereinfachenden Menschen- und Tierplastiken aus Bronze und Eisen fügen sich harmonisch in die Terrassen, Obstbäume, Mulden und Reste von Steinbrüchen im uralten Garten am Burgberg ein. Vorbei an efeubewachsenen Bäumen und verfallenen Mauerresten führt der Weg über teils steile Treppen immer weiter hinauf. Vom Wanderer – seinem letzten Werk, das sich hoch oben auf dem Berg befindet – bietet sich ein

An lauen Sommertagen zieht es den Erlanger nach Feierabend in den Entla's Keller, um die letzten Sonnenstrahlen des Tages, ein kühles Bier und eine deftige Brotzeit zu genießen.

schöner Ausblick. Da wirken sogar die Hochhäuser und Industrieschlote der Stadt irgendwie idyllisch.

Den Hang wieder hinunter, und das Ziel ist erreicht: der Entla's Keller, einer der schönsten noch erhaltenen Bierkeller am Berg. An sonnigen Tagen ist der Keller immer gut besucht, doch es lohnt sich, für ein süffiges Kellerbier oder eines der Spezialbiere in der Schlange zu warten. Dazu noch schnell eine fränkische Brotzeit, Haxe vom Grill oder Bratwürste am Stand nebenan geholt und dann im Schatten der alten Bäume Platz nehmen. Jung und Alt, Handwerker und Schlipsträger an einem Tisch. Bei einem Bier kommt man hier immer ins Gespräch, und so kann der Abend auch mal länger werden.

Tipp: Wie in allen bayerischen Biergärten ist es Brauch, dass man sein Essen selbst mitbringen kann – nur Bier muss gekauft werden.

Hin & weg: Ab Nürnberg und Fürth mit der S-Bahn oder dem Regionalzug zum Erlanger Hauptbahnhof. Von dort rund 20 Minuten zu Fuß zum Ausgangspunkt am Entla's Keller.

Dauer & Strecke: 3–5 Stunden und ca. 8 km zu Fuß.

Beste Zeit: Der Skulpturengarten ist ganzjährig geöffnet, der Entla's Keller von April bis September. Mehr unter www.entlaskeller.de

Ausrüstung: Bequeme Turnschuhe, Hunger und Durst.

**FAZIT: DIE KUNST AM WEGRAND IST DAS EINE, DER GESELLIGE ABEND MIT NEU GEWONNENEN BEKANNTSCHAFTEN UND KÜHLEM BIER DAS ANDERE.**

# AMAZONAS IN FRANKEN

## ... im Nürnberger Tiergarten

**#35**

*Der Nürnberger Tiergarten zählt zu den größten und schönsten zoologischen Gärten Europas und beeindruckt durch seine einzigartige Lage in einem ehemaligen Steinbruch. Zwischen jahrhundertealten Bäumen und bezaubernden Wiesenlandschaften lässt es sich herrlich spazieren und wilde Tiere beobachten.*

#dieTieresindlos #PinguinesindSchreihälse #unterwegsimSteinbruch

Gleich an der Uferpromenade am Eingang turnen uns die süßen Totenkopfäffchen über dem Kopf herum, und die Giraffen strecken dem Besucher neugierig den Kopf entgegen. Im Manatihaus kommt selbst an kalten Tagen Tropenfeeling auf. Bei hochsommerlichen Temperaturen lässt es sich herrlich durch den üppigen Garten schlendern, der einer überschwemmten Amazonaslandschaft gleicht. Dabei flattern uns nicht nur bunte Schmetterlinge um die Nase, sondern auch tropische Vögel. Schildkröten und Weißkopfsakis, kleine zottelige Baumbewohner aus dem nordöstlichen Südamerika, lassen sich ebenfalls beobachten. Star des Hauses sind natürlich die Manatis. Bekommt man sie im Manatihaus selber nicht zu Gesicht, lassen sich die Seekühe ganz herrlich durch die großen Unterwasserscheiben des Blauen Salons unterhalb des Hauses betrachten.

Nun kann man von Zoos halten, was man will, und jeder muss für sich entscheiden, ob er sie grundsätzlich besuchen möchte. Eines aber ist sicher: Der Nürnberger Tiergarten zählt zu den schönsten und größten in ganz Europa. Wunderbar spazieren lässt es sich nämlich durch die Waldparkanlage im ehemaligen Reichswald, vorbei an den vielen leuchtend roten Sandsteinformationen, Weihern und jahrhundertealten Bäumen.

Aus Zeiten, als der Tiergarten ein aktiver Steinbruch war, lassen sich teilweise noch die angeschlagenen Quaderblöcke entdecken. Heute leben jedoch vor allem Tiger, Löwen, Steinböcke, Affen und andere interessante Tiere in dieser beeindruckenden Felskulisse. Heimische Vogelarten und Waldtiere fühlen sich hingegen in den Wäldern der weitläufigen Anlage pudelwohl.

Wem die stoische Ruhe der Manatis zu viel ist, der läuft anschließend weiter und beobachtet die lebhaften Delfine und Seelöwen gleich gegenüber. Anschließend geht es vorbei an den beiden großen Weihern, die heimischen Wasservögeln und Fischen eine Heimat bieten, doch auch Chile-Flamingos fühlen sich hier wohl. Im Streichelzoo erfreuen sich die Ziegen an den Streicheleinheiten der Kinder, aber vor allem am Futter, das die Kleinen ihnen mutig entgegenstrecken.

Vorbei an den Przewalski-Urwildpferden, die auch im Naturschutzgebiet Tennenloher Forst ein Zuhause gefunden haben (Eskapade #25), führt der steil ansteigende Panoramaweg nun in die Heimat von Eisbären, Pinguinen und Co. Zweitere hört man schon von Weitem lauthals schreien, während die Eisbären sich ganz gemütlich im Wasser tummeln und das Gemecker der Nachbarn einfach ignorieren. Ganz

Rund 280 Tierarten gibt es im Nürnberger Tiergarten. Der Sibirische Tiger ist einer der beliebtesten Bewohner der weitläufigen Anlage.

oben angekommen, lädt das Bio-Restaurant Waldschänke (www.tiergartenrestaurant.de) zu einer gemütlichen Rast ein.

Der Schleichweg führt anschließend stetig bergab zum Ausgang, vorbei an Wölfen, Luchsen, brüllenden Löwen und den Tigern, die nahezu lautlos durch ihr Gehege schleichen.

---

Hin & weg: Der Nürnberger Tiergarten liegt im Stadtteil Zerzabelshof und ist mit der Straßenbahn Linie 5 oder der Buslinie 45 ab dem Nürnberger Hauptbahnhof erreichbar.

Dauer: Lohnt für 4 Stunden oder einen ganzen Tag.

Beste Zeit: Besonders schön im Frühjahr und Sommer, wenn alle Tiere in den Freigehegen sind und die Wildblumen auf den Wiesen ihre volle Farbenpracht entfalten. Öffnungszeiten unter www.tiergarten.nuernberg.de

Ausrüstung: Kamera und Fernglas.

---

**FAZIT: EIN WAHRHAFTIG TIERISCHES VERGNÜGEN FÜR DIE GANZE AFFENBANDE ... ÄÄÄÄH, DIE GANZE FAMILIE!**

# GIPFEL-GLÜCK

... Herbstnachmittage rund um Hirschbach

## #36

*Bei einer Wanderung spektakuläre Gipfelblicke und imposante Landschaften genießen: Das klingt gut, oder? An warmen Oktobertagen dabei leuchtend bunte Blätter am Wegrand sammeln – ob als Deko für zu Hause oder zum Basteln –, das ist Herbstglück pur.*



#Herbstlaub #KüchleundTorten #wennesraschelt

Wenn die Tage langsam kürzer werden, die Bäume ihre Blätter verlieren und die goldene Herbstsonne den Wald in mystische Farben taucht, dann ist der richtige Zeitpunkt für eine Wanderung rund um Hirschbach in der Hersbrucker Schweiz. Zwar ist die Wanderung vorbei an bizarren Dolomit-Felsformationen, Höhlen und Grotten an sich schon spektakulär und die Weitblicke atemberaubend, doch das perfekte Herbstglück bringt das Auflesen der bunten Blätter am Wegrand. Das Sammeln hat nicht nur etwas Beruhigendes, das Herbstlaub ergibt auch eine schöne Wohnungsdeko und eignet sich wunderbar zum Basteln – nicht nur für Kinder.

Los geht's am Wanderparkplatz Hirschbach. Von dort aus führt der Weg durch den Ort und anschließend hoch zum Wald. Am Rand des Schmiedbergs entlang marschiert man hinauf zum etwas versteckt liegenden Noristörle. Ein Holzschild weist den Weg vom Hauptwanderweg zum malerischen, freistehenden Felsentor, das tolle Fotomotive bietet. Anschließend

Warum nach Kanada reisen, wenn es den Indian Summer auch in Franken gibt? Das Felsentor im Norissteig bietet einen wunderschönen Ausblick über das Hirschbachtal.

folgt man dem Weg weiter durch den Wald. Hier trumpft der Herbst nun mit seiner ganzen Kraft auf: Prächtige Laubbäume säumen den Weg, und die Blätter erstrahlen in den wunderschönsten Farben.

Nach etwa der halben Strecke erreicht man Neutras und den Bauernhof Zum Res'n (www.resnhof.de). Links liegen lassen sollte man den auf keinen Fall, denn im Gasthaus werden nicht nur göttliche selbst gemachte Kuchen, Küchle und Torten serviert, sondern auch Spezialitäten vom Galloway-Rind. Sehr zu empfehlen sind die Gulaschsuppe und der Rinderrahmbraten. Hinter dem Hof gibt es für die Kleinen einen tollen Kinderspielplatz.

Gut gestärkt geht es anschließend weiter Richtung Starenfelshöhle. Um den Eingang der Spalthöhle zu erreichen, muss man etwas klettern – genauso wie die Menschen in der Steinzeit, sie nutzten die Höhle wohl als Behausung. Weiter führt der Weg nun leicht bergauf Richtung Höhenglücksteig. Oberhalb des beliebten alpinen Klettersteigs laden zwei Bänke zum Verweilen ein, am besten mit einem wohlverdienten Gipfelbier in der Hand. Der Rundblick von oben ist einfach herrlich, an schönen Tagen erkennt man am Horizont den Nürnberger Fernsehturm und die Burg.

---

Hin & weg: Mit dem Auto zum Wanderparkplatz Hirschbach.

Dauer & Strecke: 4 Stunden und rund 9 km zu Fuß.

Beste Zeit: Die Wanderung ist ganzjährig möglich, doch am schönsten ist es im Herbst zum Blättersammeln.

Ausrüstung: Bergschuhe, Tasche für die Blätter, Kamera, Gipfelbier.

---

Von hier aus führt der Weg weiter zum nächsten Aussichtspunkt, dem Felsmassiv Prellstein. Einst mussten hier alle Wandervereine auf Anordnung des nationalsozialistischen Regimes Heldengedenktage abhalten. Davon zeugt die Tafel am Prellstein. Heute gedenkt hier der Fränkische Albverein jedes Jahr im November der verstorbenen Wanderfreunde.

Leicht bergab folgt man dem Weg anschließend durch den herbstlichen Jungwald und durch die kleine Cäciliengrotte, eine zweiräumige Höhlenruine im Felsmassiv unterhalb des Höhenglücksteigs. Mit vielen herbstlichen Eindrücken und vielen bunten Blättern im Gepäck geht es auf dem gut ausgeschilderten Weg zurück zum Wanderparkplatz.

**FAZIT: RASCHELNDES HERBSTLAUB, SPEKTAKULÄRE HÖHLEN, TRAUMHAFTE GIPFELBLICKE UND SÜNDHAFT GUTE TORTE – WAS WILL MAN MEHR AN EINEM SCHÖNEN TAG IM HERBST?**

# AUF SCHMALEM GRAT

… am Felsenkamm Eibgrat

## #37

*Jeder Nürnberger, den es regelmäßig in die Fränkische Schweiz zieht, sollte irgendwann einmal auf den imposanten Eibgrat. Kein klassischer Klettersteig, aber ein sehr abenteuerlicher Rundwanderweg, der durch spektakuläre Natur über den eindrucksvollen Felsenkamm im Nürnberger Land führt.*

#LandschaftenausdemBilderbuch #Abenteuer #KlettersteigfürAnfänger

Nur noch die steilen Stufen hinauf, dann ist es geschafft – der höchste Punkt am Eibgrat ist erreicht und die Pause mit Panoramablick wohlverdient.

Der Eibgrat ist ein lang gezogener Felsenkamm in der Fränkischen Schweiz. Über die bizarr anmutende Felslandschaft führt ein abwechslungsreicher Klettersteig den abenteuerlustigen Wanderer auf 1,5 Kilometern auf und ab. Schwindelfreiheit und Trittsicherheit sind Voraussetzung für diese Rundwanderung, denn teils geht es links und rechts in die Tiefe, steile Treppen müssen überwunden und Felsen hinaufgeklettert werden. An vielen Stellen muss man die Hände zu Hilfe nehmen, ein aufrechter Gang ist nicht möglich. Doch wer das »Kraxeln« auf sich nimmt, wird mit märchenhaften Landschaften, Einblicken in die Botanik und grandiosen Ausblicken belohnt.

Wer einen Felsenkamm bezwingen möchte, muss natürlich erst einmal bergauf. Die Tour startet am Wanderparkplatz in Spies – in der Nähe der Tanzlinde mit ihrem Tanzpodest und der kleinen Schutzhütte, wo sicher schon das eine oder andere rauschende Fest gefeiert wurde. Der Weg führt vorbei an den ersten moosbewachsenen Felsenmännlein, Zeugen einer längst vergangenen Zeit, als hier noch Meeresboden war. Es geht stetig bergauf bis zum Einstieg zum Eibgrat.

---

Hin & weg: Ab Nürnberg mit dem Auto in 30 Minuten zum Wanderparkplatz in Spies.

Dauer & Strecke: 4 Stunden und ca. 10 km zu Fuß.

Beste Zeit: Ganzjährig möglich, wenn es trocken ist. Nach Regen und Schnee sind die moosbewachsenen Felsen sehr glitschig.

Ausrüstung: Feste Bergschuhe, eine kleine Brotzeit und Kamera nicht vergessen!

---

Der Wanderweg schlängelt sich über knorrige Wurzelpfade an beeindruckenden mit Moos bewachsenen Felsformationen entlang.

Der gut markierte Weg verläuft auf der Dolomitkette durch die bizarr anmutende Felslandschaft, die in ganz Franken sicherlich ihresgleichen sucht. Nun muss man seine Hände zu Hilfe nehmen, denn hier wird Wandern endgültig zu »Kraxeln« und Klettern. Eile ist hier aber sowieso fehl am Platz: Zu imposant ist die Landschaft rundum, als dass man sie allzu schnell hinter sich lassen möchte. Nach der ersten Etappe auf dem Eibgrat führt der Weg ein kurzes Stück auf flachem Grund weiter, bevor auch schon der nächste Anstieg auf die Wanderer wartet. Über eine Metallleiter geht es hinauf auf den höchsten Punkt am Eibgrat, dort ist dann erst mal Rasten angesagt. Bei einer Brotzeit genießt man den Ausblick über das Eibtal.

Über knorrige Wurzelpfade und steil hinab durch ein enges Felsentor verlässt man den Eibgrat anschließend und folgt dann dem Weg, der sich nun immer leicht bergauf und bergab durch den Wald schlängelt. Von hier aus ist der Rückweg nun ein Kinderspiel. Schöne Wiesenwege und breite Schotterwege wechseln sich den Wald hindurch ab. Stille Lichtungen verzaubern mit herrlichen Wildblumen, und die Schmetterlinge flattern Wanderern um die Nase.

**FAZIT: LEICHTER KLETTERSTEIG FÜR ALLE, DENEN WANDERUNGEN DURCH WIESEN UND FELDER UND GEMÜTLICHE RADTOUREN AM FLUSS AUF DAUER ZU LANGWEILIG SIND.**

Ein kurzes Stück geht es am Ende über einen asphaltierten Weg und an der Hauptstraße entlang, die letzten Meter führen wieder durch den Wald zurück zur Tanzlinde.

# WILDE ROMANTIK

… auf zur Teufelskirche bei Grünsberg

## #38

*Durch wildromantische Täler und Schluchten zieht sich der Weg durch die Rhätsandsteinschlucht zur Teufelskirche. Die perfekte Kulisse für eine zauberhafte Winterwanderung, denn auch das »Flachland« hat seinen Reiz.*

#Winterparadies #italienischeEisträume #Schluchtenwanderung #fränkischeSagen

Ausgangspunkt der Wanderung ist der Bahnhof in Ochenbruck. Von dort geht es, zunächst dem Blaupunkt, dann der blau-weißen Jakobsmuschel folgend, nach Rummelsberg. Hier bietet sich ein schöner Blick auf die Philippuskirche, bevor man den Weg in Richtung Thanngraben einschlägt.

Ein herrlicher Pfad schlängelt sich vorbei an freistehenden Felsblöcken entlang des Bachlaufes und anschließend durch ein enges, von Sandsteinfelsen flankiertes Tal. Im Winter »wachsen« hier häufig prächtige Eiszapfen.

Weiter geht es zur Sophienquelle, danach steigt der Weg leicht an. Hier quer zum Hang halten, immer dem Bächlein folgen, und plötzlich steht man vor einer 320 Meter hohen Felswand – der Wolfsschlucht, die mit schönen Eisformationen im Winter einen traumhaften Anblick bietet.

Kurz geht es auf gleichem Weg zurück, anschließend zieht sich der Weg durch eine Art Allee weiter bis Grünsberg. Jetzt wird es sportlich: Der grünen Vier folgend, beginnt hier die Route durch die wildromantische Rhätsand-

steinschlucht zur Teufelskirche. Gutes Schuhwerk und Trittsicherheit sind Grundvoraussetzung für diesen Teil der Wanderung. Zahlreiche kleine Quellen unterbrechen den Weg immer wieder, daher ist er stellenweise sehr matschig. Häufig liegen auch umgestürzte Bäume im Weg, und es ist durchaus ein wenig Geschick erforderlich, um diese über die rutschigen Felsen zu umgehen. Für die Strapazen durch die Schlucht wird man jedoch darauf mit einem schönen Blick auf die Teufelskirche und den kleinen Wasserfall belohnt.

Die Sophienquelle wurde nach italienischem Vorbild erbaut und ist eine der größten barocken Quellfassungen nördlich der Alpen.

Der Sage nach verfolgte der Ritter Jörg von Tann an einem Karfreitag einen prächtigen Hirsch bis in die Gegend der heutigen Teufelskirche – und das, obwohl ihm der Burgkaplan von der Jagd am Feiertag abgeraten hatte. Als der Hirsch keinen Ausweg mehr sah, da der Ritter ihm den Weg versperrte, stieß er ihn kurz entschlossen vom Fels. Der Fels löste sich und begrub den Ritter unter sich. An der Stelle des Felsens tat sich eine gewaltige Schlucht auf, in die der Teufel mit dem Ritter hinabgefahren sein soll.

Über einen gesicherten Steig führt der Weg aus der Schlucht heraus, und der grünen Vier folgend, erreicht man bald die Wallenstein-Stadt Altdorf. Durch den Oberen Torturm gelangt man auf den Marktplatz, wo zahlreiche Wirtshäuser zur Einkehr einladen. Wem es niemals kalt genug sein kann, der isst ein leckeres Eis im Eiscafé Dolomiti. Besonders zu empfehlen sind dort die Sorten Grüner Apfel und Pfefferminze.

Hin & weg: Vom Nürnberger Hauptbahnhof mit der S3 in 14 Minuten nach Ochenbruck; von Erlangen mit der S1 und S3 in rund 40 Minuten. Vom Bahnhof in Altdorf geht es mit der S2 wieder zurück.

Dauer & Strecke: 4 Stunden und 13,3 km zu Fuß.

Beste Zeit: Reizvoll zu jeder Jahreszeit, doch wildromantisch im Winter.

Ausrüstung: Thermoskanne mit Tee, wasserdichte Wanderschuhe.

**FAZIT: ANSPRUCHSVOLLE WINTERWANDERUNG MIT ABENTEUERFAKTOR DURCH WILDROMANTISCHE TÄLER UND SCHLUCHTEN.**

# PISTEN-GAUDI

… Skifahren in Osternohe

## #39

*Skifahren und Snowboarden in Mittelfranken? Wie bitte? Ja, auch das geht – und zwar in Osternohe. Die 800 Meter lange Piste am Schloßberg gilt als Mittelfrankens längste Skipiste, sodass enthusiastische Wintersportler hier voll auf ihre Kosten kommen.*

#Powderzeit #SkiurlaubinFranken #Schifoan #auchbeiNacht

Leise rieselt der Schnee in Franken. Wenig später kann man auf der Website des Skilifts Osternohe lesen, dass der Skibetrieb eröffnet ist. Zeit, die Skier oder das Snowboard ins Auto zu laden. Auf geht's zum Schloßberg!

Nun sind wir zwar nicht in den Alpen, doch auch in Franken gibt es tatsächlich kleine Skigebiete. Eines davon: Osternohe in der Marktgemeinde Schnaittach im Nürnberger Land. Dabei ist Osternohe nicht irgendein fränkisches Skigebiet - die Liftanlage am Schloßberg ist tatsächlich die längste in Mittelfranken.

Vom Gipfel des Schloßbergs aus genießt man zunächst einen wunderbaren Ausblick auf das Örtchen und auf die Burgruine Osternohe, bevor es schwungvoll bergab geht - über die 800 Meter lange und damit zugleich längste Skipiste Mittelfrankens. Seit Kurzem gibt es sogar eine Pistenraupe, sodass die Piste stets gut präpariert ist. Neben der abwechslungsreichen und teils doch anspruchsvollen Abfahrt gibt es für Snowboarder und wagemutige Skifahrer außerdem einen Snowpark mit einer Jib-Box, Double-Rail und Poles. So bietet Osternohe wirklich alles, was das Wintersportlerherz begehrt.

---

**Hin & weg:** Mit dem eigenen Auto in 35 Min. ab Nürnberg und Erlangen.

**Dauer:** 4 Stunden bis zu einem halben Tag.

**Beste Zeit:** Winter. Informationen zum Liftbetrieb unter www.skilift-osternohe.de

**Ausrüstung:** Skier oder Snowboard.

---

Am Freitag auf die Nacht montieren die Nürnberger die Ski auf ihr Auto und begeben sich zwar nicht ins Stubaital, dafür nach Osternohe, um bei Flutlicht noch ein paar Schwünge zu machen.

Nach einigen schwungvollen Abfahrten belohnt das Liftstüberl an der Talstation mit kleinen Snacks, leckerem Kuchen und Getränken. Alternativ lässt es sich nach einigen Stunden auf der Piste beim Igelwirt in Osternohe einkehren und die original fränkischen Spezialitäten in gemütlicher Atmosphäre genießen.

Wer dann noch immer nicht genug von all dem schönen Schnee hat, der kehrt einfach zurück auf die Piste. Dank einer Flutlichtanlage ist in Osternohe Pistengaudi bis 21 Uhr geboten. So kann man auch nach Feierabend einfach mal ganz spontan die Skier ins Auto packen und noch ein paar herrliche Stunden auf den Brettern verbringen.

**FAZIT: ES MÜSSEN NICHT DIE ALPEN SEIN, AUCH FRANKEN KANN WINTERSPORT!**

# WEITBLICKE GENIEẞEN

... im winterlichen Pegnitztal

## #40

*Bei einer Winterwanderung durch das Pegnitztal erfreut man sich an herrlichen Weitblicken in die winterliche Landschaft, bevor man zum Aufwärmen in eine der urigen Wirtschaften in Velden oder Rupprechtstegen einkehrt.*



#Rutschpartie #Fachwerkliebe #Winterluftschnuppern #JauseimZug

Für seinen malerischen Stadtkern wurde Velden bereits mehrfach mit Preisen ausgezeichnet.

Die Wanderung führt vom Bahnhof in Neuhaus an der Pegnitz durch den Kapellenweg über die Bergrücken im Pegnitztal nach Velden. Von dort aus geht es, dem Blaukreuz folgend, durch das Ankatal nach Rupprechtstegen.

Serpentinenartig verläuft der Weg in Neuhaus rechts hinauf, vorbei an den Stationen des Kreuzweges. Durch die Felsformationen kann man immer wieder Blicke auf den Ort und die darüberliegende Burg Veldenstein erhaschen, bevor man an das Ende des Kreuzweges gelangt – gut zu erkennen an dem großen Holzkreuz, das auf einem freistehenden Felsen oberhalb der Pegnitz thront. Grandios ist der Ausblick von der dortigen Aussichtsplattform auf die Pegnitzauen.

Anschließend geht es links weiter, immer entlang des beschaulichen Pegnitztals zur frisch renovierten Karlskapelle, die Landwirt Karl Rauh 1817 zum Dank dafür erbaute, dass er einen schweren Arbeitsunfall überlebte. Der Bauer befand sich gerade beim Pflügen, als

Das blaue Kreuz auf weißem Grund weist den Weg.

ein Gewitter aufzog und seine Ochsen vor Schreck durchgingen. Dabei geriet Rauh zwischen Ochsengespann und Pflugscharen.

Hinter der kleinen Kapelle links, folgt man nun immer dem Weg Richtung Velden. Entlang der Route bieten sich beschauliche Ausblicke auf das verschlafene fränkische Örtchen, bevor es am Friedhof vorbei ins sogenannte Scheunenviertel geht.

Die Fachwerkscheunen mussten auf Anordnung von Kaiser Karl IV. wegen Brandgefahr außerhalb der Stadtmauern errichtet werden. Heute zählt das denkmalgeschützte Scheunenviertel zu den besterhaltenen im ganzen fränkischen Raum. Doch nicht nur das Scheunenviertel ist in Velden sehenswert. Am Marktplatz des Dorfes finden sich zahlreiche urige fränkische Gaststätten, die zur Einkehr einladen, bevor man anschließend den Weg durch das Mühltor fortsetzt. Direkt hinter dem Tor beginnt der schönste Abschnitt der Wanderung: an der Pegnitz entlang. Der Ausblick auf die alten Mühl- und Wehranlagen sowie das alte Pflegschloss ist sicherlich einer der schönsten auf dieser Wanderung.

---

**Hin & weg:** Vom Nürnberger Hauptbahnhof mit dem R3 in 30 Minuten nach Neuhaus an der Pegnitz; von Erlangen mit dem R2 und R3 in rund 55 Minuten. Vom Bahnhof in Rupprechtstegen geht es mit dem R3 wieder zurück.

**Dauer & Strecke:** 3,5 Stunden und 11 km zu Fuß.

**Beste Zeit:** Ganzjährig möglich, doch am schönsten im Winter.

**Ausrüstung:** Thermoskanne mit Tee, wasserfeste Wanderschuhe.

---

Der Blick auf die Stadtmühle am Mühlkanal zählt zu den Highlights der Wanderung.

Gleich hinter dem Holzsteg windet sich der Weg nun steil bergauf, vorbei am Kriegerdenkmal und vereinzelten Felsformationen. Folgt man dem Blaukreuz, genießt man auf dem Weg erneut einen spektakulären Ausblick auf das äußerst hübsche Velden. Das letzte Stück des Wegs schlängelt sich durch das Ankatal. Dem Weg abwärts folgend, erreicht man schließlich die mächtige Ankatalwand am Ortseingang von Rupprechtstegen. Ab hier geht es flussabwärts an der Pegnitz entlang, wo sich auch im Winter die stolzen Schwäne tummeln.

**FAZIT: SCHÖNE WINTERWANDERUNG FÜR GEÜBTE WANDERER. PERFEKT, UM DEM GRAU DER STADT ZU ENTFLIEHEN.**

Am Bahnhof in Rupprechtstegen begrüßt der grüne Rastwaggon von Mittwoch bis Sonntag Gäste, bevor sie schließlich den Heimweg mit dem Zug antreten.

# 3. KAPITEL MINIURLAUB

#42

#48

EINMAL HÖHLENFORSCHER SEIN

#46

#44

#49

PILGERN FÜR ANFÄNGER

#52

#45

BADESPAß PUR!

#43

#50

#51

# Ferien für ein Wochenende

*Wasser, Höhlen, Hügel und charmante Städte – auf geht's ins Abenteuerwochenende! Wir vergessen oft, wie wunderschön es doch direkt ums Eck ist.*

# 36 H

# GRÜN & GESCHWIND

… Radeln durchs Regnitztal

**#41**

*Das ist mal eine facettenreiche Radtour: Auf der Talroute des Regnitz-Radwegs geht's von Nürnberg bis zur Kaiserpfalz. Malerische Städte, verwunschene Auwälder, saftig grüne Wiesen und tolle Flussblicke wechseln sich ab. Endstation ist Forchheim mit der sehenswerten Altstadt und seiner Kaiserpfalz.*

#Fachwerkliebe #Badesee #dieschärfsteStadtinFranken #LebenamFluss

Die Flüsse Pegnitz und Regnitz und der Main-Donau-Kanal prägen den Regnitz-Radweg. Auf zwei Routen – der Tal- und der Kanalroute – lässt es sich auf größtenteils ebenen Wegen rund 160 Kilometer von Nürnberg nach Bischberg und zurück radeln. Am Wegrand bieten malerische Städtchen, ein paar schattige Wälder und grüne Wiesen ein tolles landschaftliches Kontrastprogramm.

Startpunkt des Regnitz-Radwegs ist mitten in Nürnberg. Von der Insel Schütt führt die Talroute zunächst mitten durch die Nürnberger Altstadt, vorbei an den historischen Fachwerkhäusern in der Weißgerbergasse. Durch die Pegnitzauen geht es anschließend in Richtung Fürth. Malerisch zeigt sich die Kleeblattstadt mit dem sich in der Ferne erhebenden, florentinisch anmutenden Rathausturm.

Durch Flussauen und Kiefernwälder führt der Weg weiter zum Main-Donau-Kanal und an diesem entlang nach Alterlangen. Das erste Etappenziel ist erreicht: Zeit für eine Stärkung. Beim Schnitzelkrapp (www.schnitzelkrapp.de) lässt es sich herrlich im Biergarten entspannen, und die XXL-Schnitzel sind unheimlich lecker.

Die zweite Etappe führt nun von Alterlangen in Richtung Forchheim. Das Landschaftsbild entlang des Weges verändert sich – hier zeigt sich das Regnitztal von seiner sandigen Seite. Die typischen Sandflure der Region sind Lebensraum vieler Tiere und Pflanzen, auch Spargel, Meerrettich und Erdbeeren gedeihen in dem Boden prächtig. An Spargelfeldern und Wasserschöpfrädern vorbei erreicht man Baiersdorf, die »schärfste Stadt« Frankens. Die Tradition der Meerrettichherstellung wird hier noch großgeschrieben: Einen Einblick in die traditionelle Produktion bekommt man im Meerrettich-Museum. Sehenswert sind außerdem die pittoresken Fachwerkhäuser im Ortskern.

Unweit davon liegt malerisch der Baiersdorfer Weiher, der zu einem Sprung ins kühle Nass einlädt, bevor man am Main-Donau-Kanal entlang weiterradelt. Unbedingt einen Stopp

---

**Hin & weg:** Ab Nürnberg einfach losradeln, ab Erlangen mit der S1 nach Nürnberg, ab Fürth mit der U1 nach Nürnberg. Zurück mit der S1 oder dem R2 ab Forchheim.

**Beste Zeit:** Im Frühling oder Sommer, wenn es warm genug zum Baden ist.

**Dauer & Strecke:** 1 Tag oder ein Wochenende und 46 km mit dem Fahrrad.

**Ausrüstung:** Fahrrad, Badesachen, Sonnencreme, Wegzehrung.

**Wenn es Nacht wird:** Das Hotel Arivo in Forchheim ist eine günstig gelegene und schöne Unterkunft (www.arivo.de).

---

Mitten in der malerischen Altstadt von Nürnberg beginnt die Tour und führt an der Pegnitz entlang Richtung Fürth. Der Fürther Rathausturm ist schon von Weitem sichtbar.

an der Schleuse Hausen einlegen: Hier kann man herrlich Schiffe gucken. Nun ist es nicht mehr weit nach Forchheim, dem Höhepunkt der Tour. Sehenswert sind der Fachwerkbau des Rathauses und die Kaiserpfalz. Besonders schön zeigt es sich überall dort, wo Wasser fließt. Das ist fast überall, denn Regnitz, Wiesent und das »Bächla« fließen durch die Stadt.

Wer noch nicht genug hat, kann über Hirschaid nach Bischberg weiterradeln und dann auf der Kanalroute zurück nach Nürnberg.

**FAZIT: EINE GENUSSREICHE FLUSSRADTOUR VOLLER ABWECHSLUNG, DIE RADLER DURCH SEHENSWERTE STÄDTE, GRÜNE WIESEN UND SCHATTIGE AUWÄLDER FÜHRT.**

# OSTER-ZAUBER

... in und rund um Ebermannstadt

#42

*Das Schmücken von Osterbrunnen hat in der Fränkischen Schweiz lange Tradition. Auf einer Wanderung rund um Ebermannstadt lassen sich zahlreiche Brunnen entdecken. Danach zuckelt man mit der ältesten Museumsbahn Frankens weiter in den Wallfahrtsort Gößweinstein.*



#OsterbräucheinFranken #traumhafteAusblicke #GelatoHeaven #Brauchtumspflege

Idyllisch liegt die Kleinstadt Ebermannstadt an zwei Flussarmen der Wiesent. Aufgrund ihrer Lage gilt sie als Herz der Fränkischen Schweiz. Sehenswert sind die zauberhaften Fachwerkhäuser am Marktplatz, das Scheunenviertel und die noch funktionsfähigen Wasserschöpfräder. Doch am schönsten ist Ebermannstadt in der Osterzeit, wenn die zahlreichen Brunnen und Quellen in und rund um den Ort wie schon vor hundert Jahren farbenprächtig dekoriert werden.

Auf die Spuren dieser langjährigen Tradition begibt man sich am besten bei einer Wanderung oder Radtour von Ebermannstadt aus über Niedermirsberg, Neuses, Poxstall und Rüssenbach. Ausgangspunkt der sehenswerten Tour ist der Marktplatz in Ebermannstadt mit dem prächtig geschmückten Marienbrunnen und den Osterbäumen. Über den Kapellenplatz zieht sich der Weg durch das historische Scheunenviertel in Richtung Pretzfeld und von dort weiter nach Rüssenbach und

Majestätisch grüßen die beiden Türme der Basilika ins Land – die Pfarr- und Wallfahrtskirche zur Heiligsten Dreifaltigkeit ist das Wahrzeichen Gößweinsteins.

Niedermirsberg, wo in der Karwoche gleich vier Osterbrunnen geschmückt werden. Der Brunnen in der Ortsmitte von Poxstall wird bereits zum Palmsonntag verziert, wie auch der Brunnen in der Ortsmitte von Rüssenbach.

Zurück in Ebermannstadt, lässt man den Tag bei leckeren fränkischen Spezialitäten und einem süffigen Bier ausklingen und frönt anschließend mit einem leckeren Eis aus der Eismanufaktur mp14 dem Dolcefarniente, dem

Üblicherweise werden die Osterbrunnen ab Palmsonntag geschmückt und bleiben bis zwei Wochen nach Ostern in ihrem prachtvollen Gewand.

süßen Nichtstun, auf dem malerischen Marktplatz des Orts.

Am nächsten Tag führt der Weg zunächst zum Bahnhof. Mit der ältesten Museumsbahn Frankens – je nach Betriebstag ist das eine historische Dampf- oder eine Diesellokomotive, zuckelt man in den Sommermonaten auf der ehemaligen Bahnstrecke Ebermannstadt-Behringersmühle durch das zauberhafte Wiesenttal und genießt die wunderbare Ruhe der Landschaft.

Nächster Stopp: Gößweinstein. Hoch über dem kleinen Ort thront die Burg Gößweinstein, die Richard Wagner vermutlich als Vorbild für die Gralsburg in seiner Oper »Parsifal« diente. Herrliche Ausblicke auf das Gemäuer genießt man auf einer kleinen Wanderung in und rund um Gößweinstein. Im Ort beginnend, führt diese zunächst zum beliebten Aussichtspunkt am Kreuzberg, der bei schönem Wetter einen traumhaften Blick über die Fränkische Schweiz bis ins Fichtelgebirge ermöglicht. Dem Kreuzweg folgen, und bald eröffnet sich auf dem Gernerfels ein märchenhafter Blick über Gößweinstein mit seiner Burg und der prächtigen Basilika. Diese wurde einst von Balthasar Neumann erbaut und ist heute der größte Dreifaltigkeitswallfahrtsort in Deutschland. Weiter führt der Weg zur hoch über der plätschernden Wiesent gelegenen Burg Gößweinstein und über den Marienfelsen zurück zum Ausgangspunkt.

**Hin & weg:** Ab Nürnberg, Fürth und Erlangen mit der S1 nach Forchheim und von dort mit dem Agilis-Zug nach Ebermannstadt.

**Beste Zeit:** Ebermannstadt besucht man am besten an Ostern, wenn die Brunnen farbenprächtig geschmückt sind. Gößweinstein lohnt ganzjährig einen Besuch. Hier gibt es Fahrplaninfos zur Museumsbahn: www.dampfbahn.net

**Dauer & Strecke:** Ein Wochenende. Wanderungen zwischen 4 und 12 km.

**Ausrüstung:** Wanderschuhe und Kamera nicht vergessen!

**Wenn es Nacht wird:** In Ebermannstadt kann man zum Beispiel im Hotel Sonne29 (www.sonne29.webnode.com) übernachten. Urig ist das Haus Jutta in Gößweinstein (www.hausjutta.de).

**FAZIT: PERFEKTER OSTERAUSFLUG FÜR DIE GANZE FAMILIE, DER BRAUCHTUM, NATUR UND KULTUR PERFEKT VEREINT.**

# TRADITION GENIEßEN

... eine Radtour rund um Roth

## #43

*Auf der rund 42 Kilometer langen Radtour rund um Roth gibt es malerische Altstädte und Hopfengärten, aber auch idyllische Weiher zu entdecken. Ansonsten steht diese Tour ganz im Zeichen der fränkischen Bratwurst.*



#Burgblicke #malerischeAltstädte #imHopfenparadies #allesBrodwoschd

Das historische Wasserrad in Georgensgmünd arbeitet auch heute noch.

Der Trend zum geschmückten Weihnachtsbaum machte Roth einst berühmt. Der in der fränkischen Stadt hergestellte Baumschmuck war weit über die Grenzen Deutschlands hinaus bekannt und begehrt. Im Zweiten Weltkrieg wurde er aus Propagandagründen sogar bis nach Stalingrad geflogen. Heute ist Roth vor allem Triathleten ein Begriff: Jährlich findet hier die Roth Challenge statt.

Die Radtour führt uns von der malerischen Rother Altstadt über Wald- und Wiesenwege zunächst nach Abenberg. Seine Altstadt innerhalb der historischen Stadtbefestigung ist sehenswert, außerdem laden zahlreiche kleine Cafés und Restaurants zum Verweilen ein. In spektakulärer Kulisse thront die Burg Abenberg (www.hotel-burg-abenberg.de) auf einer kleinen Bergkuppe über der Stadt. Sie beherbergt heute ein Hotel und Restaurant, aber auch das Haus fränkischer Geschichte. Ein Besuch lohnt schon alleine wegen des Ausblicks vom Burgturm, denn der ist wirklich grandios. Einmal im Jahr findet hier ein Festival der besonderen Art statt, das Feuertanz-Festival mit Mittelaltermarkt, Mitternachtskonzert und Gauklern. Auch Konzerte renommierter Künstler locken auf die Burg, an anderen Tagen ist es hier jedoch nie überlaufen.

Anschließend führt der Weg wieder hinunter und auf der Straße am Badeweiher vorbei nach Obersteinbach ob Gmünd. Die kleine Gedenkkapelle im Ort kann auf Wunsch besichtigt werden, der Nachbar sperrt gerne auf. Es geht weiter, vorbei an idyllischen Weihern,

Herrlich entspannen lässt es sich nach der Radtour im kleinen Park im Innenhof des Schloss Ratibors. Kurios, aber sehenswert ist das Stadtmuseum im Inneren.

in denen sich Schwäne tummeln, und durch die Hopfengärten in Richtung Spalt. Das Örtchen entzückt mit verwinkelten Gässchen und hübschen Fachwerk- und Hopfenhäusern. Ein Besuch des HopfenBierGut-Museums lohnt sich ebenfalls, um mehr über den bekannten Spalter Aromahopfen und die Biergeschichte zu erfahren.

Nun wird nach Georgensgmünd weitergeradelt, dabei passiert man das historische Wasserrad an der fränkischen Rezat. Jetzt sind es

nur noch rund 10 Kilometer zurück nach Roth, doch ein Abstecher nach Rittersbach ist ein lohnender Umweg. Dort steht das erste Bratwursthotel der Welt. Es verzückt seine Gäste nicht nur beim Abendessen mit der typisch fränkischen Spezialität, auch bei der Zimmerdeko dreht sich alles um die Bratwurst. Nach einer Nacht unter dem Bratwursthimmel und einem ausgiebigen, ebenfalls bratwurstigen Frühstück deckt man sich am besten gleich nebenan in der dazugehörigen Metzgerei Böbel mit Proviant für den Weg ein. Die letzten Kilometer zurück nach Roth sind nun ein Kinderspiel. Dort angekommen, bleibt noch genügend Zeit, die Altstadt mit ihren schicken Fachwerkhäusern zu erkunden und das Museum im Schloss Ratibor zu besuchen. Zum Abschluss empfiehlt sich ein leckeres Eis im Eiscafé Primavera. Mit Blick auf den Marktplatz kann man die Radtour eisschleckend Revue passieren lassen, bevor man den Weg nach Hause antritt.

---

Hin & weg: Mit dem R6 oder der S2 von Nürnberg nach Roth und auf gleichem Weg zurück.

Dauer: 2 Tage und ca. 42 km mit dem Fahrrad.

Beste Zeit: Zu jeder Jahreszeit möglich, aber besonders schön im Frühjahr und Sommer.

Ausrüstung: Fahrrad, Radkarte.

Wenn es Nacht wird: Ein Zimmer im Bratwursthotel (www.umdiewurst.de) in Rittersbach mieten. Hier dreht sich nicht nur beim Essen alles um die fränkische Spezialität, man schläft auch unter einem Bratwursthimmel.

---

**FAZIT: SCHÖNE UND SPORTLICHE RADTOUR DURCH ABWECHSLUNGSREICHE LANDSCHAFT UND HISTORISCHE STÄDTCHEN. DAS ZIEL IST DIE BRATWURST!**

# DER WALD BLÜHT

... neben Burg Hohenstein

## #44

*Markante Felslandschaften, Höhlen und fantastische Aussichten prägen die Landschaft der Hersbrucker Alb und brachten ihr so den Namen »Hersbrucker Schweiz« ein. Wahrzeichen der Region ist die Burg Hohenstein. Die Windbeutel, die am Fuße der Burg kredenzt werden, sind legendär!*



#bestWindbeutelinFranken #Blütenzauber #soschönistdieHersbruckerSchweiz

Idyllisch liegt das Gasthaus Zum alten Schloss in Kleedorf. Hans Heberlein hat sich ganz der heimatlichen Küche mit Produkten aus der hauseigenen Metzgerei verschrieben. Weit über die Grenzen von Kleedorf hinaus bekannt sind die köstlich-opulenten Kuchen und Torten von Conny und Renate Heberlein. Auch Zimmer können hier gemietet werden. Eine perfekte Basis für ein Wochenende auf der Hersbrucker Alb.

Ein riesiges, gut ausgeschildertes Wegenetz führt durch die Hersbrucker Schweiz, die zu jeder Jahreszeit ihren Reiz hat. Im Frühjahr blühen die Rapsfelder, im Sommer lässt es sich am Happurger Baggersee entspannen,

Der Name verrät es bereits, der Märzenbecher ist ein Frühlingsbote und blüht üblicherweise im März. Hierzulande zeigt er sich häufig bereits im Februar.

und im Herbst benötigt man kein Flugticket nach Kanada, um den Indian Summer zu bewundern: Den gibt es auch auf der Hersbrucker Alb.

Sich da für eine Wanderung zu entscheiden ist nicht gerade einfach. Ein Highlight ist sicherlich die Runde über den Ringwall der Houbirg (Eskapade #23). Ein Frühlingsklassiker ist wiederum die Wanderung von Kirchensittenbach durch den Märzenbecherwald. Auf elf Kilometern geht es zunächst durch Wald und Flur in Richtung Hohenstein. Es begegnen einem dabei so einige wilde Tiere – zum Glück nur in Form von Skulpturen, und man genießt traumhafte Ausblicke auf die Burg. Im Sittenbachtal nahe Algersdorf findet man dann die ersten untrüglichen Frühlingsboten: Der Waldboden ist bedeckt mit einem Meer

Die Hohensteiner Riesenwindbeutel werden nach einem traditionellen Rezept aus Brandteig gebacken und sind unglaublich lecker.

aus schneeweißen Blüten, die sich der Frühjahrssonne entgegenstrecken – Märzenbecher. Streng geschützt sind sie und bieten ein grandioses Naturschauspiel.

Ein weiterer Tipp für Wanderer ist die kleine Runde um Hohenstein, die sich ganz wunderbar mit einem Besuch der Felsenburg verbinden lässt. Auf einem Dolomitfelsen hoch über dem Ort, der höchsten Erhebung im Nürnberger Land, thront die Burg (Infos zu Öffnungszeiten unter www.burg-hohenstein.com). Sie ist Wahrzeichen der Region und einer der schönsten Aussichtspunkte der Gegend. In ihrem Inneren kann man die Burggeschichte mit einem audiovisuellen Guide erleben.

Bei beiden Touren lässt sich ganz wunderbar eine kleine Pause im Hohensteiner Hof, der sich zu Füßen der Burg Hohenstein befindet, einlegen (www.hohensteinerhof.de). Doppelt hält besser, denn süße Sünden kann man gar nicht genug bekommen, und den Windbeuteln eilt ein legendärer Ruf voraus. Ob mit Walnusseis, Ingwer, Birne, hausgemachter Karamellsauce, Röstmandeln und Sahne, als »Karibik-Diamond« mit exotischen Früchten oder als Klassiker mit Sauerkirschen: Riesig sind die Windbeutel alle und vor allem unglaublich lecker.

**Hin & weg:** Am besten mit dem Auto. Über die A9 bis Lauf an der Pegnitz, dann über die B14 weiter Richtung Hersbruck. In Hersbruck links in die Kühnhoferstraße abbiegen. Nach ca. 3 km rechts Richtung Kleedorf. Nach rund 600 m ist das Landidyll Hotel »Zum alten Schloss« erreicht.

**Beste Zeit:** Mitte Februar bis Anfang April zur Blütezeit der Märzenbecher. Die zweite Tour ist ganzjährig möglich.

**Dauer & Strecke:** Ganzes Wochenende. 11 km durch den Märzenbecherwald und zurück nach Kirchensittenbach. Rund um die Burg Hohenstein sind es ca. 6 km.

**Ausrüstung:** Wanderkarte für die Region, Wanderschuhe, Kamera.

**Wenn es Nacht wird:** Ein Zimmer im Landidyll-Hotel Zum alten Schloss in Kleedorf (www.zum-alten-schloss.de).

**FAZIT: ZU FUẞ DURCH DIE UNBERÜHRTE NATUR DER HERSBRUCKER SCHWEIZ UND EINE HERRLICHE LANDSCHAFT, DABEI BURGBLICKE UND DIE BESTEN WINDBEUTEL DER REGION GENIEẞEN.**

# RADELN DIGITAL

… auf dem Erlebnisradweg Hohenzollern

**#45**

*Komm, wir radeln! Aber nicht einfach irgendwohin. Mit der begleitenden App geht es auf eine 95 Kilometer lange, interaktive Zeitreise von Nürnberg nach Ansbach. Per Augmented Reality werden die Sehenswürdigkeiten auf dem Themenradweg zum Leben erweckt und Hohenzollerngeschichte hautnah erlebbar.*

#interaktiveZeitreise #dieHohenzollerninFranken #BurgenundSchlösser

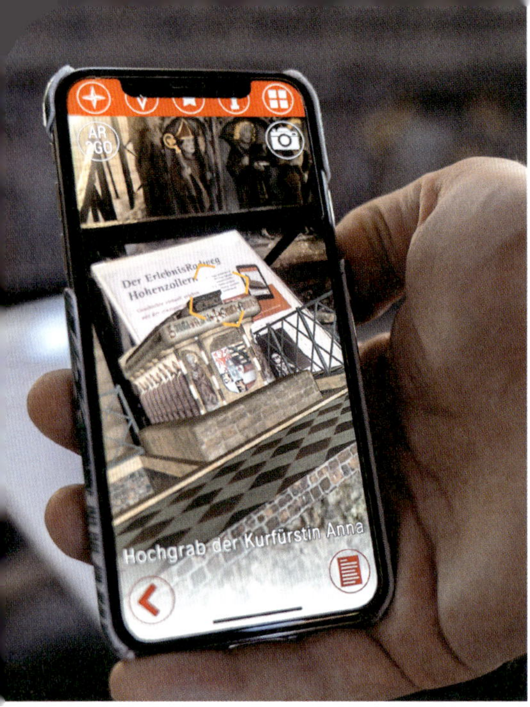


Was die Hohenzollern mit dem Heilsbronner Münster zu tun haben? Die App verrät spannende Informationen über die geschichtlichen Hintergründe.

Direkt an der Nürnberger Kaiserburg, dem Wahrzeichen der Stadt und Machtsymbol des Heiligen Römischen Reichs Deutscher Nation, beginnt die etwas andere Radtour nach Ansbach. 13 Orte mit einer Vielzahl von Sehenswürdigkeiten und geschichtsträchtiger Vergangenheit liegen vor den Radlern.

Der GPS-Navigation folgend, geht es zunächst in Richtung Fürth. Jahrhundertelang stritten sich die Markgrafen um die Kleeblattstadt. Daran erinnert noch heute der Dreiherrschaftsbrunnen. In der historischen Altstadt lässt man das Fahrrad am besten kurz stehen und erkundet die herrlichen Gassen und Innenhöfe gemütlich zu Fuß, bevor es auf zwei Rädern nach Veitsbronn weitergeht. Hoch über dem Ort liegt die Wehrkirche St. Veit, die einen traumhaften Ausblick über die Gemeinde bietet.

Die App leitet nun über Langenzenn weiter zum malerischen Marktplatz in Cadolzburg. Der Ort verdankt seinen Namen der Burg, die einst ein wichtiges politisches Zentrum der Hohenzollern war, wie man beim Scannen der Marker am Eingang durch die App erfährt.

Nächster Stopp ist Ammerndorf: Nach einer Stärkung in der letzten Privatbrauerei im Landkreis Fürth geht es nach Roßtal, der letzten Etappe des Tages. Den Mittelpunkt des Ortskerns bildet die St.-Laurentius-Kirche mit den Hohenzollernwappen an der Fassade.

Ausgeschlafen folgt man am nächsten Tag der App in die fränkische Münsterstadt Heilsbronn. Traumhaft schön und romantisch liegt der Ort in einem waldreichen Tal, in seinem Mittelpunkt das Münster mit der wohl größten Grablege der Hohenzollern in Süddeutschland. Der nächste Marker: Die App blendet Infos über die Gräber und die wertvollen Kunstschätze in der Kirche ein.

---

Hin & weg: Vom Nürnberger Hauptbahnhof mit dem Fahrrad zur Nürnberger Burg. Von Ansbach geht es mit der S4 oder dem R7 zurück nach Nürnberg.

Beste Zeit: Frühjahr und Sommer.

Dauer & Strecke: 2 Tage und 95 km mit dem Fahrrad.

Ausrüstung: Fahrrad, Proviant und Wasser für unterwegs, Handy, App »Erlebnisradweg Hohenzollern« (www.erlebnisradweg-hohenzollern.de).

Wenn es Nacht wird: Auf halber Strecke in Roßtal gibt es zahlreiche kostengünstige Unterkünfte. Wer schon immer mal auf einem Ponyhof übernachten wollte, kann das auf dem Ponyhof Raitersaich tun: www.ponyhof-raitersaich.de

---

Erst Refektorium, also das Speisehaus der Mönche, dann Brauerei, heute Gemeindehaus der evangelischen Kirche in Heilsbronn.

Anschließend führt das GPS die Radler über Neuendettelsau weiter nach Windsbach mit seiner bildhübschen historischen Altstadt an der Fränkischen Rezat. Vorbei an der stattlichen Festung Lichtenau, einem mächtigen Bollwerk gegen die Hohenzollern, geht es durch die idyllische Landschaft zur letzten Station der interaktiven Zeitreise: nach Ansbach. Im Ansbacher Schloss, der ehemaligen Residenz der Markgrafen, lassen sich 27 Prunkräume entdecken. Außerordentlich modern und interaktiv aufbereitet, gibt es dieses Wissen auch in der App. Ganz ohne die Hilfe der Augmented Reality kann man anschließend im Hofgarten entspannen. Wer hätte gedacht, dass Geschichtsunterricht so viel Spaß machen kann?

**FAZIT: FAHRRADTOUR MAL ANDERS! DANK AUGMENTED-REALITY-APP IM POKÉMON-GO-STYLE MEHR ÜBER DIE HOHENZOLLERN ERFAHREN UND DABEI NOCH DIE HERRLICHE NATUR GENIEßEN.**

# ACHTUNG, STÖRCHE IM TIEFFLUG!

## … im Aischgrund bei Uehlfeld

**#46**

*Beschaulich liegt Uehlfeld im Aischgrund, der größten zusammenhängenden Weiherlandschaft Europas. Auf den Spuren des Karpfens lässt es sich herrlich die Weiher entlangwandern. Doch Uehlfeld ist nicht nur Karpfenland, im Frühjahr kann man tief fliegende Störche beobachten.*

 #AchtungTiefflieger #fürKarpfenundBierliebhaber #Vogelbeobachtung #KunstamWeg

Auf romantischen Wegen begibt man sich im Aischgrund auf die Spuren der Karpfen.

Mitten im Aischgrund liegt ganz malerisch das Dorf Uehlfeld. Es ist bekannt für seine Karpfenzucht. Zahlreiche Wanderwege führen von Uehlfeld aus an den pittoresken Karpfenweihern vorbei. Im Anschluss an eine Wanderung laden die zahlreichen Brauereigasthöfe – darunter das Gasthaus Zwanzger mitten im Ort – zum Verweilen ein. Neben fränkischen Bierspezialitäten sollte man hier natürlich auch einen fränkischen Karpfen kosten, ob gebacken, blau oder als Filet. Doch in der ältesten Familienbrauerei des Landkreises kann man auch ein Zimmer mieten, eine ideale Basis, um Uehlfeld und Umgebung an einem Wochenende zu Fuß zu erkunden. Also Wanderstiefel schnüren, und los geht's!

Ein schöner Rundweg beginnt im Ortsteil Voggendorf an der Brauerei Prechtel. An den hübschen Weihern und den Bienenstöcken vorbei führt der Weg nach Gottesgab, einem kleinen beschaulichen Örtchen, das wie auf einer Insel inmitten all der Weiher liegt – ein wahres Postkartenmotiv.

Die Karpfenweiher im Aischgrund bieten nicht nur Karpfen, sondern auch Fröschen, Libellen, Möwen, Graureihern und Störchen eine willkommene Heimat.

Streuobstwiesen, alte Fischerhütten und die Wohnwagen der Karpfenzüchter säumen den Weg, bevor man am Wegrand bunte Fische erblickt – die Uehlfelder KUNSTkarpfen. Das Projekt entstand in der Werkstatt Kunststück von Gisela Gürtner, die zusammen mit örtlichen Gruppen und Vereinen 100 Kunststoffkarpfen gestaltete und entlang des Karpfenrundwegs installierte. Wer dieser Route folgt, kommt anschließend zurück nach Uehlfeld.

Nach altem Volksglauben bringt Meister Adebar demjenigen Glück, auf dessen Haus er sein Nest errichtet.

Nach einer abendlichen Brauereiführung inklusive Bierverkostung und einem deftigen fränkischen Frühstück schnürt man am Morgen wieder die Stiefel, denn Uehlfeld ist nicht nur bekannt für seine Karpfen. Im Frühjahr und Frühsommer ist hier auch Meister Adebar zu Hause. Die Karpfenweiher bieten den Weißstörchen ebenfalls eine willkommene Heimat. Gerne begegnen sie einem übrigens auch im Tiefflug mitten im Ort – darum: Kopf bitte einziehen!

Auf dem unterhaltsamen und informativen Uehlfelder Storchenlehrpfad kann man dem Weißstorch ein wenig näherkommen. Große Tafeln weisen den Weg und informieren über alles, was es rund um Meister Adebar zu wissen gibt: seine Erkennungsmerkmale, Lebensweise und seine Gefährdung, denn der Weißstorch zählt zu den bedrohten Arten. An einem Vogelbeobachtungshäuschen am Weiher lassen sich die staksenden Vögel dann bei einem ausgiebigen Picknick wunderbar beobachten. Doch auch von der Aussichtsplattform in Demansfürth, die einem überdimensionierten Storchennest gleicht, kann man die Vögel auf dem Flug zu ihren Nestern bestaunen, bevor es im Anschluss zurück nach Uehlfeld geht. Hier heißt es noch ein letztes Mal Kopf hoch, um die Nester auf der Kirche, den Schornsteinen und Hausdächern zu erspähen.

Hin & weg: Am besten mit dem Auto in 45 Min. ab Nürnberg, in 35 Min. ab Erlangen oder in 40 Min. ab Fürth.

Beste Zeit: Für die Wanderung durch den Aischgrund in der Karpfensaison von September bis April. Die Wanderung auf dem Storchenlehrpfad empfiehlt sich von März bis Juni in der Brutsaison der Weißstörche.

Dauer & Strecke: Runde durch den Aischgrund 3 Std. und 9 km zu Fuß. Der Storchenlehrpfad 2 Std. und 6,5 km zu Fuß. Wer immer wieder Karpfen und Störche beobachtet, benötigt für beide Wanderungen bis zu einem halben Tag.

Ausrüstung: Wanderschuhe, Fernglas, Kamera und Wanderkarte.

Wenn es Nacht wird: Ein Zimmer im Brauerei Gasthof Zwanzger in Uehlfeld unter www.brauerei-gasthof-zwanzger.de

**FAZIT: FÜR ALLE, DIE SCHON IMMER ETWAS ÜBER KARPFEN UND MEISTER ADEBAR LERNEN WOLLTEN. UND: FRÄNKISCHER KARPFEN IST ECHT LECKER!**

# BERGAUF, BERGAB

… nach Neuhaus an der Pegnitz

## #47

*Der Erlangen-Pegnitztal-Radweg bildet die Querverbindung zwischen dem Regnitz- und dem Pegnitztal. Auf den rund 63 Kilometern führt der Radweg durch traumhafte Landschaften, vorbei an beeindruckenden Burgruinen und durch sehenswerte fränkische Dörfchen.*

#Burgblicke #historischeStädtchen #inBewegungbleiben #gutfürdieWaden

Die zart blühenden Wildblumen am Wegrand verströmen einen herrlichen Duft.

In Alterlangen am Europakanal beginnt diese Radtour und führt in östliche Richtung zunächst mitten durch Erlangen. Ein kleiner Abstecher in den wunderschönen Schlossgarten lohnt sich, bevor man den Weg im Tal der Erlanger Schwabach fortsetzt.

Zunächst führt dieser über schattige Forstwege, anschließend geht es über von Hopfengärten umgebene Feldwege weiter. Hin und wieder fährt man durch kleine Örtchen mit bildhübschen Dorfkirchen und sehenswerten Brunnen. Durch eines der drei Stadttore geht es direkt nach Gräfenberg, wo sich schmucke Fachwerkhäuser in mittelalterlicher Anmut aneinanderreihen. Sehenswert sind auch das historische Rathaus und das Denkmal des Minnesängers Wirnt von Gräfenberg.

Nach Gräfenberg wird der Weg anspruchsvoller und führt zunächst nach Hilpoltstein hinauf. Die Stadt lockt mit einer begehbaren Burgruine auf einem Sandsteinfelsen oberhalb der Stadt und wunderschönen alten Bürgerhäusern. Im rückseitigen Teil des Brauereigasthofes Schwarzes Roß befindet sich das Museum der Stadt mit Exponaten zur Stadtgeschichte sowie den Überresten einer der

Die Tropfsteine in der Maximiliansgrotte sehen aus wie ein Adler, Elefant oder auch Schwalbennest. Außerdem beherbergt die Grotte den größten Tropfstein Deutschlands.

ältesten Brauereien in Bayern. Es ist allemal einen Besuch wert. Im Anschluss kann man den ereignisreichen Tag dann im historischen Gasthaus bei fränkischen Spezialitäten ausklingen lassen (Öffnungszeiten unter www.gutmann-zur-post.de).

Die zweite Etappe der Tour führt östlich der Stadt weiter nach Obertrubach. Wenn man möglichst viel sehen möchte und schnell unterwegs ist, lohnt ein kleiner Abstecher nach Bärenfels mit der gleichnamigen Burgruine, die sich auf einem bizarren Bergsporn erhebt.

Über ein paar Stufen erreicht man die Ruine und kann von oben den schönen Ausblick über das Trubachtal genießen.

Im benachbarten Betzenstein mit seinem historischen Stadtkern sollte man sich einen Blick in den tiefen Brunnen und die Stadtpfarrkirche nicht entgehen lassen. Auf der sonnigen Terrasse der Betzenstube kann man hinterher in der Mittagssonne verweilen und fränkische oder mediterrane Spezialitäten genießen, bevor man den letzten Teil der Strecke nach Neuhaus an der Pegnitz in Angriff nimmt. Wer nach einem Blick auf Burg Veldenstein noch Körner hat, kann zur Maximiliansgrotte weiterradeln: Sie ist die Tropfsteinhöhle mit dem größten Tropfstein Deutschlands. Bevor man den Heimweg antritt, sollte man sich im Grotten-Hof-Laden noch mit Grottenkäse eindecken. Ein äußerst leckerer heimischer Emmentaler, der in der Maximiliansgrotte reift.

---

Hin & weg: Ab Erlangen einfach losradeln, ab Nürnberg und Fürth mit der S1 nach Erlangen. Zurück nach Nürnberg mit dem R3 oder R4 ab Neuhaus a. d. Pegnitz.

Beste Zeit: Frühjahr und Sommer.

Dauer & Strecke: 2 Tage und 67 km mit dem Fahrrad.

Ausrüstung: Fahrrad, Radkarte, Kamera.

Wenn es Nacht wird: Übernachten im gemütlichen Schäferwagen am Handwerkerhof Fränkische Schweiz in Gräfenberg: www.handwerkerhof-fraenkischeschweiz.de

---

**FAZIT: EINE DURCHAUS ANSPRUCHSVOLLE RADTOUR MIT ZAHLREICHEN KULTURELLEN HIGHLIGHTS AM WEGRAND.**

# TEUFLISCH GUT

… felsige Abenteuer in Pottenstein

## #48

*Gesegnet von der Natur, liegt das romantische Felsenstädtchen Pottenstein im Naturpark Veldensteiner Forst im Herzen der Fränkischen Schweiz und bietet auf engstem Raum ein vielfältiges Freizeitangebot: unterirdische Wunderwelten, Kletterabenteuer, Burgblicke und das älteste Freibad Bayerns.*

#AbtauchenindieUnterwelt #ActionversusErholung #Erlebniswochenende

Mit traumhaften Panoramablicken geizt Pottenstein nicht. Von der Hohen Warte aus hat man den besten Blick auf die Burg, auf der Himmelsleiter liegt einem die ganze Fränkische Schweiz zu Füßen.

Wo Püttlach, Weihersbach und Haselbrunnbach zusammenfließen, liegt das Felsenstädtchen Pottenstein herrlich eingerahmt von mächtigen Dolomitfelsen. In der historischen Altstadt reihen sich zauberhafte Fachwerkhäuser aneinander, darin nette kleine Restaurants, Cafés und Geschäfte. Hoch über dem Luftkurort thront die 1000-jährige Burg als Wahrzeichen. Schon durch die einzigartige Lage gilt Pottenstein als eines der schönsten Örtchen in Franken. Ein Geheimtipp ist es schon lange nicht mehr, denn das vielfältige Freizeitangebot lockt Touristen von nah und fern in die Region. Die Burg Pottenstein mit seinem interessanten Museum ist nur eines der Highlights. Aber auf einer Wanderung rund um Pottenstein kommt man nicht nur an zahlreichen Attraktionen vorbei, man findet auch beschauliche einsame Plätze, die zum Verweilen einladen.

Startpunkt der Tour ist im Ortszentrum. Über den alten Burgweg geht es hinauf auf die Burg, wo sich ein Besuch des Museums anbietet. Nun führt der Weg etwas weiter bergauf, dann

---

**Hin & weg:** Am besten mit dem Auto. Über die A9 bis Betzenstein, dann über die B2 und die B470 weiter nach Pottenstein.

**Beste Zeit:** Pottenstein ist zu jeder Jahreszeit ein Erlebnis.

**Dauer & Strecke:** Ein ganzes Wochenende und ca. 10 km zu Fuß.

**Ausrüstung:** Wanderschuhe, Wanderkarte, Badesachen, Kamera und ein dicker Pullover (in der Teufelshöhle herrschen konstant nur 9 °C).

**Wenn es Nacht wird:** In Pottenstein gibt es viele Zimmer zu mieten. Oder man fährt ein paar Kilometer weiter ins Püttlachtal, und übernachtet in einem urgemütlichen Holzfass am Feriencampingplatz Bärenschlucht: www.baerenschlucht-camping.de

---

über die Stufen zum Aussichtspunkt Hohe Warte mit Wetterkreuz. Von dort aus genießt man nicht nur den schönsten Ausblick auf die Burg, sondern auch auf das Felsenstädtchen. An der Hofmannskapelle vorbei marschiert man anschließend durch eine Feld- und Wiesen-Landschaft zur Himmelsleiter. Diese ist eigentlich ein Antennenmast, aber mit einer Aussichtsplattform für Besucher ein ziemlich schickes Exemplar. Auf der Wendeltreppe mit 150 Stufen kann man schon mal einen Drehwurm bekommen, doch oben entfaltet sich das phänomenale Panorama der Fränkischen Schweiz bis ins benachbarte Fichtelgebirge.

Nach Osten geht es weiter, der Wanderweg verläuft jetzt in Richtung Elbersberger Kapelle, danach führt er über wildromantische Wege zur Teufelshöhle. Die Teilnahme an einer Führung durch die Unterwelt Pottensteins ist ein Muss: Die Teufelshöhle zählt zu den größten Tropfsteinhöhlen Bayerns. Hier unten kann es kalt werden, zudem sind rund 400 Stufen zu bewältigen, doch wie Goethe schon sagte: »Nur wo du zu Fuß warst, bist du auch wirklich gewesen.« Majestätische Tropfsteingebilde und ein Höhlenbärskelett entzücken das Auge, und in charmantestem Fränkisch erfährt man mehr über das Naturwunder Tropfsteinhöhle.

Zurück in Pottenstein, empfiehlt sich ein Spaziergang durch die Altstadt. Actionfreunde kommen im nahe gelegenen Kletterwald oder auf der Sommerrodelbahn auf ihre Kosten.

**FAZIT: POTTENSTEIN IST EINES DER SCHÖNSTEN ÖRTCHEN IN FRANKEN. OB ERHOLUNG ODER ABENTEUER, HIER FINDET JEDER SEIN GLÜCK!**

Alle, die es ruhig und gemächlicher mögen, besuchen das Felsenbad. Das älteste Freibad Bayerns verzaubert mit seinem zauberhaften Jugendstilambiente am Fuße einer imposanten Felswand.

# FLUSSAUF, FLUSSAB

… von Nürnberg nach Amberg

## #49

*Mal wild, mal sanft strömen Donau, Altmühl, Pegnitz, Vils und Naab durch Bayern. Auf rund 300 Kilometern begleitet der Radweg diese fünf Flüsse. Welche Etappe des Fünf-Flüsse-Radwegs man sich aussucht, ist abhängig von Fitness und Interessen. Wie wäre es mit 75 Kilometern von Nürnberg nach Amberg?*

Direkt an der Vils präsentiert sich die Stadt Amberg von ihrer schönsten Seite.

Im Herzen der Nürnberger Altstadt beginnt unsere Radtour und führt auf der »Goldenen Straße« – einst einer der wichtigsten europäischen Handelswege – zunächst ins romantische Tal der Pegnitz. Am Fluss entlang führt die Route in das zauberhafte Fachwerkstädtchen Lauf. Hier lohnt sich ein Besuch der Laufer Kaiserburg auf der Pegnitzinsel. Zur Stärkung gibt es anschließend ein Eis in der fränkischen Eismanufaktur Dolomiddi (www.dolomiddi.info). Dort hat man die Qual der Wahl zwischen hausgemachten veganen Eissorten wie Mohn-Marzipan und Haferflocken oder fruchtigen Sorbets.

Der Radweg bringt uns nun direkt in die Hersbrucker Altstadt mit ihren romantischen, verwinkelten Gassen und Fachwerkhäusern. Interessierte machen einen kurzen Stopp am Hirtenmuseum. Wer Lust hat, nimmt danach am Happurger Baggersee ein erfrischendes Bad, bevor es nach Pommelsbrunn weitergeht. Nach dem Besuch des historischen Badhauses radelt man weiter Richtung Hartmannshof mit dem Urzeitbahnhof.

Die Ausstellung im Vorgeschichtsmuseum im ehemaligen Bahnhofsgebäude führt ihre Besucher durch die Steinzeit bis zum Ende der keltischen Zivilisation. Der Weisheitszahn eines Neandertalers, der bis dato älteste Nachweis eines Menschen in Bayern, ist nur eines der vielen Fundstücke aus der Region.

Dem Charme der Laufer Altstadt ist man schnell erlegen, dem Duft der Nussecken im Café Minerva auch.

In Neukirchen empfiehlt sich ein Abstecher zur Osterhöhle. Mit der Taschenlampe bewaffnet, kann die Tropfsteinhöhle bei einer Führung besichtigt werden. Zurück auf dem Radweg geht es vorbei an der historischen Oedmühle nach Sulzbach-Rosenberg. Ein schmuckes Städtchen mit langer Geschichte. Sehenswert sind die Schlossanlage und das

Zahlreiche Türmchen finden sich in Amberg, doch der Turm der Basilika St. Martin überragt sie alle.

gotische Rathaus. Unweit des Rathauses serviert das Café Minerva (www.cafe-minerva.de) in einem zauberhaften Innenhof Suppe, fantastischen Kaffee und köstliche Nussecken.

Hin & weg: Start der Radtour ist in Nürnbergs Innenstadt. Zurück geht es mit dem Zug vom Amberger Bahnhof.

Dauer & Strecke: 2 Tage oder ein ganzes Wochenende und 75 km mit dem Fahrrad.

Beste Zeit: April bis September.

Ausrüstung: Fahrrad, Radkarte, Kamera, Badesachen und etwas Warmes zum Darüberziehen für den Besuch der Osterhöhle.

Wenn es Nacht wird: Das Ferienhaus Herbalista's Hütte in der Oedmühle mieten und eine Auszeit inmitten von Wald und Wiesen ohne Handyempfang, dafür mit Kräuterwanderung und Kochkurs, genießen.

Das letzte Stück der Etappe führt an der Vils entlang nach Amberg, der heimlichen Hauptstadt der Oberpfalz. Wer nun noch etwas Zeit hat, erkundet die mittelalterliche Stadt mit der fast lückenlos erhaltenen Stadtmauer und den zahlreichen Türmchen und bleibt bis Sonnenuntergang. Dann spiegeln sich die zwei Brückenbögen der sogenannten Stadtbrille, die das Kurfürstenschloss mit dem ehemaligen Zeughaus verbindet, herrlich in der Vils.

**FAZIT: RADTOUR AUF EINER GESCHICHTSTRÄCHTIGEN FERNROUTE. ATEMBERAUBENDE LANDSCHAFTEN TREFFEN AUF TRUTZIGE BURGEN UND SCHMUCKE FACHWERKSTÄDTCHEN.**

# BERGE UND BIER

## ... auf der Spalter Hügellandtour

**#50**

*Ausgangspunkt und Ziel der Rundwanderung ist das HopfenBierGut-Museum im historischen Kornhaus in Spalt, das die Welt des Bierbrauens erlebbar macht. Auch unterwegs begegnet man dem grünen Gold – dem Spalter Aromahopfen –, aber auch sehenswerten Naturdenkmälern, Burgen und Befestigungsanlagen.*

#Weitblicke #nachtsaufderRitterburg #imHopfenhimmel #einguterTropfen

Vom historischen Kornhaus führt die Route durch Spalt zunächst in nördliche Richtung zur Fränkischen Rezat und anschließend über einen Hohlweg hinauf zur Alten Bürg, den Überresten einer alten Fliehburg aus dem 10. Jahrhundert. Von hier schlängelt sich der Waldpfad durch die Massendorfer Schlucht. Die ersten Kirschbäume tauchen am Wegrand auf, knackig grüne Erbsen und die für die Region so typischen Hopfengärten säumen den Weg.

Die Pflugsmühle bei Wassermungenau im Fränkischen Seenland – einst ein echter Geheimtipp, heute Ausflugsziel mit Kultcharakter.

Durch einen düsteren Kiefernwald geht es anschließend weiter zur Bärenburg. Auf den Überresten der ehemaligen keltischen Ringwallanlage setzt man den Weg fort und steigt danach erneut über einen Hohlweg hinab ins Rezattal. Auf eine Verschnaufpause geht es in den Biergarten Pflugsmühle. In traumhafter Landschaft genießt man hier Spalter Bier und fränkische Schmankerl, für die Kleinen gibt es außerdem Streicheltiere.

Gut gestärkt geht es durch den Wald und über eine schmale Treppe zur Burg Wernfels. Die erste Etappe der Tour ist geschafft. Nach einem Tag in der Natur lässt es sich am Pool der Jugendherberge auf der Burg bei einem herrlichen Panoramablick entspannen, bevor man nach der Brotzeit todmüde, aber glücklich ins Bett fällt.

Nach dem reichhaltigen Frühstück mit Kaiserschmarrn, Pfannkuchen, Weißwurst und Brezen ist die zweite Etappe der Rundwanderung ein Kinderspiel. Zunächst folgt man dem Kirchenweg Richtung Theilenberg und trifft nach kurzer Zeit auf die Grabungsstätte der Thylenburg. Von dort führt der Weg zum Zigeunerloch und weiter zur Schnittlinger Eiche. Kleine Brücken und schmale Wege führen dann hinab in die nächste Schlucht, das Schnittlinger Loch. Dem Hatzelbach folgend, geht es danach zurück in das Herz von Spalt.

Seine typischen Fachwerkhäuser und Hopfenhäuser prägen das Stadtbild und erinnern an die Blütezeit des Spalter Hopfenanbaus. Ein wenig scheint es, als wäre hier die Zeit stehen geblieben. Durch enge Altstadtgassen geht es an der St.-Nikolaus-Kirche vorbei zurück zum historischen Kornhaus, einem Fachwerkbau aus dem 15. Jahrhundert, der heute das HopfenBierGut-Museum beherbergt.

In historischem Ambiente lernt man hier durch moderne und interaktive Elemente jede Menge über den Spalter Hopfen und die Geschichte des Biers. In der Stadtbrauerei Spalt, der einzigen kommunalen Brauerei Deutschlands, kann man sich schließlich noch ein Bier genehmigen, ehe es zurück nach Hause geht.

**Hin & weg:** Am besten mit dem Auto in 45 Min. ab Nürnberg, in 1 Stunde ab Erlangen oder in 55 Min. ab Fürth. Das Auto kann kostenlos am Parkplatz am historischen Kornhaus geparkt werden.

**Beste Zeit:** Ganzjährig möglich.

**Dauer & Strecke:** 2 Tage und 21 km zu Fuß.

**Ausrüstung:** Wanderschuhe, Wanderkarte, Proviant für unterwegs und Mückenspray nicht vergessen!

**Wenn es Nacht wird:** Ein Zimmer in der modernen Jugendherberge auf Burg Wernfels (www.burg-wernfels.de).

**FAZIT: ABWECHSLUNGSREICHE WANDERUNG DURCH DAS SPALTER HOPFENLAND, BEI DER MAN NOCH ETWAS ÜBER BIER LERNT – ODER EINFACH NUR BIER TRINKT!**

# SEEN SAMMELN

... im Fränkischen Seenland

#51

*Lust auf Wasser? Am Großen und Kleinen Brombachsee und am Igelsbachsee kommen sowohl Ruhesuchende als auch Aktivurlauber und Sonnenhungrige voll auf ihre Kosten. Jeder See hat seinen ganz eigenen Charme, doch schön sind sie alle.*

 #atemberaubendeSonnenuntergänge #Badespaßpur #maritimeAuszeit #aktivamSee

Einmal in einem schwimmenden Haus übernachten? Kann man am Brombachsee!

→ Miniurlaub ...

Der Große Brombachsee, heute eine der Hauptattraktionen der Region, wurde als letzter der Seen im Fränkischen Seenland geflutet. Der von Wäldern und Hügeln umgebene Stausee bildet zusammen mit den beiden Vorsperren – dem Kleinen Brombachsee und dem Igelsbachsee – den Brombachsee.

Gerade einmal 5 Kilometer sind es vom Bahnhof in Pleinfeld nach Ramsberg, wo die 19 Eco Lodges des Floating Village seit 2019 einen festen Liegeplatz haben. Auf der Deckterrasse mit Blick aufs Wasser lässt es sich hier wunderbar entspannen. Besonders abends, wenn die letzten Sonnenstrahlen den See zum Glitzern bringen, ist es magisch. Doch die schwimmenden Ferienwohnungen punkten nicht nur mit spektakulären Ausblicken, sondern auch mit einer modernen Inneneinrichtung, einem Kamin für kühlere Nächte, ganz viel Ruhe und maritimem Flair.

Wer das eigene Rad mitbringt, kann direkt auf Entdeckungstour am Großen Brombachsee

Ein unglaublich idyllisches und verträumtes Örtchen ist der Binnensegelhafen in Ramsberg bei Sonnenuntergang.

Vor allem eines sollte man bei einer Radtour im Fränkischen Seenland nicht vergessen: Zeit. Zahlreiche Strände in und zwischen den Seezentren Ramsberg, Allmansdorf und Enderndorf laden zu einer Pause, zum Relaxen und dem einen oder anderen Sprung ins kühle Nass ein. In den Biergärten lässt es sich herrlich verweilen, und mit einem Tretboot lernt man den See noch einmal aus einer ganz anderen Perspektive kennen.

Bevor man den Rückweg über die Dämme antritt, lohnt es sich außerdem, den Igelsbachsee zu umrunden. Wesentlich ruhiger und familiärer geht es hier an den Stränden zu. Teile des Sees stehen zudem unter Naturschutz, sodass man am Ufer zum Beispiel wunderbar Vögel beobachten kann. Traumhafteste Entspannung ist anschließend im Strandhaus Sand & Sofa (www.sandundsofa.de) bei leckeren Cocktails angesagt. Die Sonnenuntergänge mit Ausblick auf gleich zwei Seen sind wirklich legendär.

gehen. Wer mit dem Auto anreist, erkundet die Freizeitanlagen rund um den See einfach zu Fuß, unternimmt eine Fahrt mit dem Trimaran MS Brombachsee oder leiht sich bei San-Aktiv-Tours (www.san-aktiv-tours.de) in Ramsberg ein Fahrrad.

Wenn die Sonne langsam im See versinkt, heißt es Angel auswerfen! Mit etwas Glück beißen Aal, Karpfen, Schleie, Hecht, Zander oder Wels auch an.

Am zweiten Tag ist eine Erkundungstour um den Kleinen Brombachsee eine gute Idee – am besten mit dem Fahrrad. Vor allem Wassersport wird hier großgeschrieben. Neben einer Segel- und Surfschule ist der Wakepark Brombachsee die Hauptattraktion. Die Wakeboard-Anlage bietet sowohl für Anfänger als auch Profis perfekte Bedingungen (Eskapade #31). Wer nicht aufs Board steigen will, kann vom schönen Sandstrand neben der Anlage aus die coolen Jungs und Mädels bei ihren spektakulären Sprüngen auch einfach nur beobachten und sich dabei ganz entspannt die Sonne auf den Bauch scheinen lassen. Alternativ verbringt man den sonnigen Nachmittag mit einem leckeren (alkoholfreien) Cocktail oder einer Bowl in der Hängematte im Haus am See.

Hin & weg: Ab Nürnberg mit dem Regionalzug nach Pleinfeld, von dort sind es mit dem Rad rund 5 km nach Ramsberg. Ohne Fahrrad am besten mit dem Auto.

Beste Zeit: Im Sommer, wenn es warm genug ist zum Baden.

Dauer & Strecke: Am besten ein ganzes Wochenende. Die Radtouren rund um die Seen sind zwischen 6 und 15 km lang.

Ausrüstung: Badesachen, Sonnencreme und je nach Gusto ein Fahrrad.

Wenn es Nacht wird: Ein schwimmendes Haus im Floating Village (www.eco-lodges.de) in der Marina in Ramsberg mieten.

**FAZIT: FAST WIE AM MEER, NUR OHNE PALMEN! AM BESTEN EIN GANZES WOCHENENDE EINPLANEN UND ALLE DREI SEEN KENNENLERNEN.**

# PILGERN AUF PROBE

… auf dem mittelfränkischen Jakobsweg

## #52

*Es muss ja nicht immer gleich Santiago de Compostela sein. Wie wäre es mit einem Wochenende auf dem mittelfränkischen Jakobsweg, um herauszufinden, ob Pilgern überhaupt das Richtige ist?*

 #Pilgerwanderung #CaminodeSantiagoinFranken #aufdenSpurenderJakobsmuscheln

Beim Jakobsweg denken die meisten wohl an den Camino Francés, der von den Pyrenäen über Pamplona und León bis zum Jakobsgrab in Santiago de Compostela führt. Doch der ist nur einer von zahlreichen Jakobswegen, die durch ganz Europa führen. Um herauszufinden, ob man überhaupt fürs Pilgern gemacht ist, bietet sich ein regionaler Pilgerweg an – weiterlaufen kann man immer. Bis Santiago de Compostela sind es rund vier Monate und 2445 Kilometer zu Fuß.

Der fränkische Camino führt auf rund 85 Kilometern von Nürnberg nach Rothenburg o. d. Tauber. Die ideale Strecke für zwei Tage? Von Weihenzell nach Rothenburg. Die Route ist landschaftlich reizvoll, am Weg finden sich zahlreiche charmante Dörfer mit hübschen Fachwerkhäusern, und an seinem Ende wartet Rothenburg als kulturelles Highlight.

Die erste Tagesetappe führt, immer der Jakobsmuschel folgend, von Weihenzell mit seinen zauberhaften Fachwerkhäuschen und der barocken Jakobskirche nach Wernsbach mit der Johanniskirche. Anschließend folgt man der Muschel über Wiesen- und Waldwege nach Buhlsbach und weiter nach Lehrberg.

Die Muschel weist den Weg zur Kirche St. Johannes in Wernsbach. Im Ort bezaubern auch die vielen schönen Fachwerkhäuser.

Sehenswert ist hier die ehemalige Wehrkirche mit dem gotischen Chorturm und seiner glockenförmigen barocken Haube. Über abwechslungsreiche Forstwege geht es dann nach Häslabronn und weiter Richtung Colmberg. Vom Weg genießt man bereits den ersten traumhaften Blick auf den Ort und die Burg Colmberg, eine der besterhaltenen mittelalterlichen Burgen Deutschlands, die hoch über dem Dorf thront.

Auf der Burg angekommen, ist die erste Etappe dann auch geschafft – und wer sagt denn, dass man beim Pilgern auf jeden Luxus verzichten muss? Beim Probepilgern auf jeden Fall nicht. Nach einer erholsamen Nacht auf der altehrwürdigen Hohenzollernburg und einem ausgiebigen Frühstück läuft sich die zweite Etappe wie von selbst.

Nach rund fünf Kilometern erreicht man Binzwangen. Hier wacht das Auge Gottes, ein kunstvolles Steinrelief am Turm der Pfarrkirche, über den Ort. Stettberg dagegen wird von einer gedrungenen ehemaligen Wehrkirche beherrscht. Die Muschel schickt die Wanderer nun durch den Wald hinab in den Karrachgrund vorbei an der Mühle und dem See mit zahlreichen Seerosen. Dann geht es auf die

Treffpunkt der Pilger ist die Jakobskirche in Rothenburg ob der Tauber. Weltbekannt und ziemlich beindruckend ist der Heilig-Blut-Altar von Tilman Riemenschneider.

Zielgerade. Rund neun Kilometer sind es durch Wiesen und Felder, auf Forstwegen und ein Stück an der Landstraße entlang nach Rothenburg o. d. Tauber. Die Jakobskirche ist das Ziel der Pilgerwanderung.

---

Hin & weg: Ab Nürnberg mit der S4 nach Ansbach und von dort mit dem Regionalbus 716 nach Weihenzell. Rückweg: von Rothenburg o. d. Tauber zunächst mit dem Regionalbus 807 nach Dombühl und dann weiter mit der S-Bahn Linie S4 nach Nürnberg.

Beste Zeit: Ganzjährig möglich.

Dauer & Strecke: 2 Tage und ca. 46 km zu Fuß.

Ausrüstung: Bequeme Wanderschuhe, Klamotten zum Wechseln und ein wenig Proviant für unterwegs.

Wenn es Nacht wird: Ein Zimmer auf Burg Colmberg (www.burg-colmberg.de), schließlich muss man auch beim Pilgern nicht komplett auf Luxus verzichten.

---

Doch nicht nur die alte Kirche ist sehenswert in Rothenburg, das malerisch im wunderschönen Taubertal liegt. Ein bisschen Zeit sollte man sich nehmen, um das Plönlein, Siebersturm und die Gerlachschmiede zu erkunden. Vom Burggarten am Rande der Altstadt genießt man einen atemberaubenden Blick über das Taubertal, und auch der Ausblick vom Rathausturm ist ein echtes Highlight. Nicht zu vergessen die Schneeballen: Das traditionelle süße Mürbeteiggebäck sollte man unbedingt probiert haben!

**FAZIT: PILGERTOUR FÜR ANFÄNGER! AUF DEM MITTELFRÄNKISCHEN JAKOBSWEG LIEGEN NATUR UND KULTUR NAH BEISAMMEN, UND ETWAS LUXUS DARF'S AUCH BEIM PILGERN SEIN.**

# SONST NOCH WICHTIG

# Ein- und Überblick

*Karten für den schnellen Überblick, praktische Tipps, mehr über die Autorin sowie ein Ortsregister zum schnellen Nachschlagen gibt es auf den folgenden Seiten.*

GPX-Download aufs Smartphone – so geht's

Voraussetzung:

Eine Outdoor-App muss installiert sein, z. B. KOMPASS, Outdooractive oder komoot. Zum Einlesen des QR-Codes benötigen Android-Geräte eine QR-Code-App. Bei iOS-Geräten ist diese Funktion in der Kamera integriert.

Daten downloaden:

1. Den QR-Code einlesen oder die Webadresse im Browser eingeben, um auf die Eskapaden-Website zu gelangen.
2. Die gewünschte Tour zum Download anklicken.
3. Bei iOS-Geräten werden die GPX-Daten direkt mit der vorab installierten App verknüpft. Bei Android-Geräten muss ggf. noch ein Weiterleiten-Button geklickt werden (z. B. oben rechts im Display). Manche Apps zeigen den Tourverlauf starr an, andere verfügen über eine Navigationsfunktion.

## Tourenverlauf

GPX-Daten zum kostenlosen Download www.dumontreise.de/eskapaden/erlangen-fuerth-nuernberg

short.travel/ec4hy

Auf den folgenden Seiten: die Eskapaden in drei Übersichtskarten von Ebermannstadt bis Thalmässing. Die Ziffern stehen für die Eskapaden-Nummern.

Erlangen
Neunkirchen am Brand
Herzogenaurach
Eckental
Schnaittach
SEITE 226
Heroldsberg
Lauf an der Pegnitz
Hersbruck
Röthenbach an der Pegnitz
Fürth
Nürnberg
SEITE 226
Leinburg
Zirndorf
Oberasbach
Weißenbrunn
Stein
Roßtal
Winkelhaid
Altdorf bei Nürnberg
Feucht
Schwarzenbruck
Burgthann
Wendelstein
Schwabach
5 km
Main-Donau-Kanal
Schwabach
Schnaittach
Pegnitz
Sittenbach
Regnitz
Zenn
Rednitz
Bibert
Schwarzach
3
73
9
6
39
44
8
49
23
9
24
17
10
35
16
33
4
13
29
19
38

Nürnberg
Nordring
Nordwestring
Bucher Straße
Rollnerstraße
Hintermayrstr.
Maxfeld
Klinikum Nürnberg Nord
Gärten hinter der Veste
Sankt Johannis
Pirckheimerstr.
Rennweg
Bayreuther Straße
Johannisstr.
Brückenstraße
Sebald
Sulzbacher Straße
Gärten bei Wöhrd
Pegnitz
Kleinweidenmühle
Wöhrd
Roonstraße
Himpfelshof
Spittlertorgraben
Lorenz
Wöhrder See
Gleißbühlstraße
Bahnhofstraße
Frauentorgraben
Kohlenhofstraße
Tafelhof
Scheurlstr.
Sankt Peter
Allersberger Straße
Tafelfeldstr.
Steinbühl
Wölckernstr.
Landgrabenstraße
Gibitzenhofstraße
Gugelstraße
Pillenreuther Straße
Gudrunstr.a
Sandreuth
600 m
Oberndorfer Weiher
Forstgraben
Seebach
Rathsberg
Burgberg
Rathsberger Straße
Am Europakanal
In der Reuth
Neuweiher
Alterlangen
Adergraben
Kosbacher Damm
Schwabach
Erlangen
Drausnickstraße
Büchenbach
Regnitz
Stadtrandsiedlung
Werner-von-Siemens-Straße
Gebbertstraße
Röthelheimpark
Dorfstraße
Bimbach
Main-Donau-Kanal
Am Anger
Nürnberger Straße
Kastenweiher
Schallershof
Sebaldussiedlung
Niederndorfer Straße
Mittlere Aurach
Fürther Straße
Bachgraben
Bruck
Äußere Nürnberger Str.
Kurt-Schumacher-Str.
Frauenaurach
Äußere Tennenloher Straße
Sylvaniastraße
Kriegenbrunn
Weinstraße
Tennenlohe
Hüttendorfer Str.
Eltersdorfer Straße
Eltersdorf
1,2 km

# NOCH MEHR ESKAPADEN …

ISBN 978-3-7701-8089-9

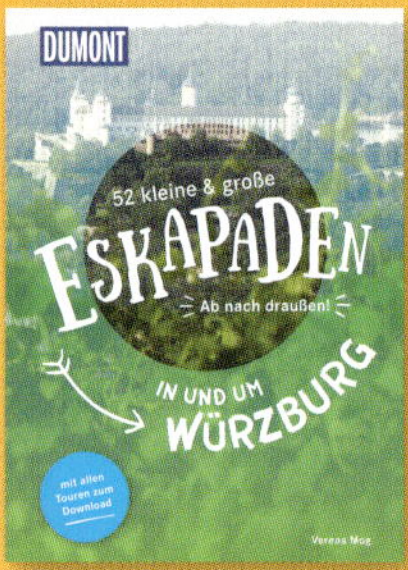


ISBN 978-3-616-11001-1

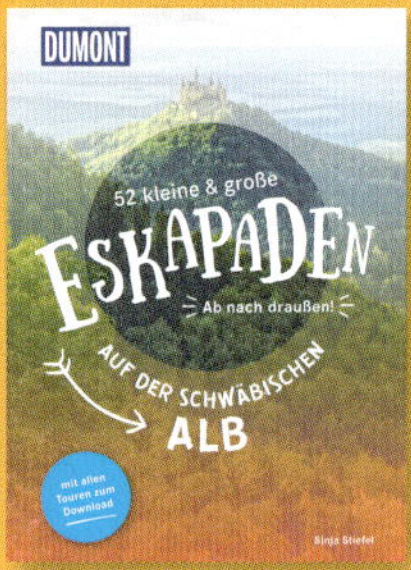


ISBN 978-3-7701-8077-6

… erhalten Sie im gut sortierten Buchhandel
und unter www.dumontreise.de

# IMPRESSUM

**Reihenkonzept** Monique Sorban

**Projektmanagement** Svenja Heinle

**Cover-/Buchgestaltung & Illustrationen** Carolin Weidemann, Köln, www.weidemann-design.com

**Layout & Satz** Sieveking • Agentur für Kommunikation, München, www.sieveking-agentur.de

**Lektorat** Ulrike Herzog, Baiersdorf

**Texte & Fotos** Nina Soentgerath, Nürnberg; mit folgender Ausnahme: iStock / Sean Pavone (Titelbild). S. 190/191 mit freundlicher Genehmigung © Bayerische Schlösserverwaltung www.schloesser.bayern.de

**Kartografie** © KOMPASS, Innsbruck, unter Verwendung von Kartendaten von OpenStreetMap, Lizenz CC-BY-SA 2.0



Printed in Poland

1. Auflage 2020

ISBN 978-3-616-11002-8

www.dumontreise.de

FSC www.fsc.org
MIX
Papier aus verantwortungsvollen Quellen
FSC® C018236

# GUT ZU WISSEN …

## Weiterlesen

Im Nürnberger Stadtmagazin »Doppelpunkt« werden einmal pro Monat interessante Touren und Ausflüge in der Metropolregion vorgestellt. Auch die Nürnberger Nachrichten und die Nürnberger Zeitung empfehlen neue Outdoorideen und Ausflugstipps. Viele davon sind online (www.nordbayern.de) nachzulesen.

## Geschmackssachen

Das schönste Café am Wegrand gibt es auf der Eskapade #35 in Fürth. Leckeres Biogemüse wird im Gemeinschaftsgarten Unser Garten Bruck gezogen, Highlight sind die Kuchen im Gartencafé, das im Sommer donnerstags öffnet (Eskapade #6). Tolle Windbeutel gibt es im Hohensteiner Hof auf der Eskapade #44.

## Ohne Auto

Viele Eskapaden sind mit öffentlichen Verkehrsmitteln zu erreichen: in und um Nürnberg mit der VGN (www.vgn.de). Bus- und Bahnverbindungen für den weiteren Umkreis finden sich auf www.bahn.de Wer in Nürnberg ein Fahrrad leihen möchte, informiert sich hier: www.vagrad.de Für Erlangen unter www.freilauf.de/fahrradverleih-erlangen. Car-Sharing-Angebote gibt es hier: www.scouter.de

## Sicherheit & Notfälle

Zentrale Notrufnummer ist die 112 – gebührenfrei aus allen Netzen, auch mobil, erreichbar. Feuerwehr und Rettungsdienste werden so alarmiert.

## Vor Ort im Netz

Richtig gute Draußentipps für Nürnberg gibt es auf www.echt-nuernberg.de. Neue Outdoorideen und Tipps für Wanderungen in Mittelfranken gibt es auf dem heimischen Outdoorblog www.frankenlandler.com

# ESKAPADEN-REGISTER ...

## Alle Orte mit Seitenverweisen

# NINA SOENTGERATH

## ... über die Autorin

61 Länder hat Nina bereits gesehen und sich durch ihre Küchen gefuttert. Reisen ist ihre große Leidenschaft. Ansonsten findet man die Grafikerin hinter dem Herd oder mit ihrem Ratero-Mischling in der Natur. Zwar waren ihr die bekannten Parks und Wanderwege rund um Nürnberg ein Begriff, doch in der Heimat auf Entdeckungstour zu gehen, Altbekanntes wiederzufinden, Unbekanntes zu erkunden und die weißen Flecken auf der Landkarte zu füllen machten sie glücklich.

Über ihre Reisen in exotische Länder, Paradiese vor der Haustür und kulinarische Fundstücke schreibt sie auf ihrem Blog www.reisehappen.de

## Hochsommerspaß

**Eskapade #51:** Was macht man bei akuter Wassersehnsucht? Ins Fränkische Seenland radeln. Die Seezentren bieten Badespaß pur, und die Sonnenuntergänge am Brombachsee sind legendär.

## Außergewöhnlich schlafen

**Eskapade #47:** Schäfchenzählen bekommt beim Übernachten im Schäferwagen eine völlig neue Bedeutung, und nach einer ruhigen Nacht inmitten der wunderschönen Natur ist man garantiert tiefenentspannt.

# 5 BESONDERE EMPFEHLUNGEN ...

## Winterglück finden

**Eskapade #39:** Schnee ist selten geworden in Nürnberg, doch in Osternohe findet man ihn noch, den echten Winter. Ob auf einem oder auf zwei Brettern: Das Glück dieser Erde liegt auf der Piste, und zwar auf der längsten Skipiste in Mittelfranken.

## Absolute Stille

**Eskapade #11:** Mitten in der Nürnberger Innenstadt gibt es einen versteckten Ort, der uns in eine andere Welt abtauchen lässt – die verwunschenen Gärten der Schnepperschützen. Eine Oase der Ruhe mitten im Zentrum.

## Höhenmeter sammeln

**Eskapade #23:** Sich durch knallgelbe Rapsfelder schlängeln, atemberaubende Panoramablicke genießen, durch Felsenlabyrinthe klettern und dabei noch Kraft tanken: All das kann man auf dem 1000-Höhenmeter-Rundwanderweg bei Pommelsbrunn.